세상이 내 뜻대로 안 될 때

기억해야 할 것들

KI신서 2981

세상이 내 뜻대로 안 될 때 기억해야 할 것들

1판 1쇄 인쇄 2010년 12월 10일
1판 1쇄 발행 2010년 12월 15일

지은이 이홍열
펴낸이 김영곤 **펴낸곳** (주)북이십일 21세기북스
출판컨텐츠사업부문장 정성진 **생활문화팀장** 김선미 **기획편집** 김순란
영업·마케팅본부장 최창규 **영업** 김용환 이경희 우세웅 **마케팅** 김보미 허정민 김현유
출판등록 2000년 5월 6일 제10-1965호
주소 (우413-756) 경기도 파주시 교하읍 문발리 파주출판단지 518-3
대표전화 031-955-2100 **팩스** 031-955-2151
이메일 book21@book21.co.kr **홈페이지** www.book21.com
트위터 @21cbook **블로그** blog.naver.com/book_21

값 12,000원
ISBN 978-89-509-2737-0 (03400)

이 책 내용의 일부 또는 전부를 재사용하려면 반드시 (주)북이십일의 동의를 얻어야 합니다.
잘못 만들어진 책은 구입하신 서점에서 교환해 드립니다.

세상이 내 뜻대로 안 될 때
기억해야 할 것들

이홍열 지음

21세기북스

머리말

세상이 뜻대로 안 되어 힘들어 할 어떤 이에게

이 책을 처음 쓰기 시작한 게 벌써 1년 전이다. 책을 쓰는 게 처음도 아니건만 유독 떨리고 긴장되어 진도가 더디 나갔다. 전에도 여러 번 썼던 걷기와 달리기에 관한 정보서가 아니라 바로 인간 이홍열, 나 자신에 대한 이야기를 하는 책이라 그랬을 게다.

내 인생 이야기가 과연 독자들에게 감흥이 있을지 이런저런 걱정이 많았지만 무엇보다 이 책이 출간된 이후 주변 지인들이 보일 반응이 염려되었다. 본문에서도 밝혔듯이 나는 내가 장애인이라는 사실을 지금껏 숨기고 지냈다. 이 책을 통해 처음 밝혀질 사실 때문에 아마도 많은 이들이 적지 않게 놀랄 것이다. 나와 제법 가깝다고 생각한 몇몇 사람들은 어쩌면 묘한 배신감을 느낄지도 모르겠다.

이런저런 부담에도 불구하고 내가 이 책을 쓰리라 마음먹은 것은 세상에 단 하나뿐일지 모를 어떤 사람 때문이다. 팔은 불편해도 다리는 튼튼하니 달리기나 하자고 겁 없이 마라톤에 뛰어든 열여섯 소년의 이야기를, 양팔의 불균형이라는 엄청난 신체적 약점을 극복하고자 깨어있는 시간 전부를 연습에 바쳐 자그마치 100개 이상의 금메달을 목에 건 마라토너의 이 이야기를 누군가는 듣고 싶어 하지 않을까. 이런 내 이야기를 듣고 희망을 가질 사람이 세상에 단 한 명이라도 있다면 그것만으로도 이 책은 의미 있는 게 아닐까. 바로 이런 생각이 이 책을 쓰게 했다. 그리고 나의 왼팔을 세상에 처음으로 드러내게 했다.

지금 이 순간에도 세상이 뜻대로 되지 않아 힘겨워하는 누군가가 있을 것이다. 그 가운데 단 한 명이리도 내 책을 통해 반짝이는 희망을 만난다면 참으로 고마울 것 같다.

그러나 이 책으로 가장 큰 위안을 얻은 이는 바로 나 자신이다. 숨 가쁘게 달려온 마흔 몇 해를 되돌아보면서 제법 여유로운 시선으로 나 자신을 바라볼 수 있게 되었다. 열등감의 근원이자 나를 달리게 한 원동력이었던 내 왼팔과도 이제 화해를 할 수 있을 듯하다.

그런 의미에서 이 책은 내 인생의 중간 성적표나 마찬가지다. 내가 지금껏 얼마나 치열하게 노력해왔는지, 무얼 꿈꾸고 이루었는지 고스란히 담은 성적표 말이다. 보잘 것 없는 성적표를 만천하에 공개하는 것 같아 낯 뜨겁지만 한편으론 무척 설레고 떨린다.

고마운 사람들이 참 많다. 일일이 이름 전하지 못하는 점, 너그러이 이해해주실 거라 믿는다. 그래도 단 한 사람의 이름만큼은 꼭 불러보고 싶다. 손기정 선생님……. 1984년 엘에이 올림픽 마라톤 경기 때 심한 무릎 부상을 입은 나를 보시고 눈물을 흘리시던 모습이 아직도 눈에 선하다. "이 미련한 사람, 장하다, 정말 장해" 하시던 선생님의 말씀은 내게 올림픽 금메달보다도 더 값진 선물이었다.

이제 나는 인생의 최종 성적표를 향해 또다시 운동화 끈을 조여 맨다. 언제 결승 테이프를 끊게 될지 아무도 모르지만 마지막으로 받게 될 성적표는 부디 중간 성적표보다는 덜 부끄럽기를 바라본다.

2010년 겨울
이홍열

Contents

머리말

세상이 내 뜻대로 안 될 때 기억해야 할 첫 번째
곰처럼 미련해져라 : 포기를 모르는 미련함의 저력

이 미련한 사람, 장하다. 정말 장해　12
포기하지 않는 용기　27
왼팔은 불편해도 나는 슈퍼맨　39
곰처럼 미련하고 우직하게, 한 발 또 한 발　50
편견 50대로도 꺾지 못한 나의 꿈　62
인생에 공짜 선물은 없다　74

세상이 내 뜻대로 안 될 때 기억해야 할 두 번째
착각 속에 살라 : 나를 발전시키는 긍정적 착각

착각을 해야 발전도 있다　92
나는 세상 누구보다 나를 믿는다　101
자신감 하나로 견딘 배고팠던 그 시절　116
세상을 온통 내 편으로 만드는 비결　126

세상이 내 뜻대로 안 될 때 기억해야 할 세 번째
열등감을 가져라 : 열등감은 나를 달리게 하는 터보 엔진

팔 병신이라 놀려줘서 고맙다 146

열등감을 엔진 삼아 달려라 157

열등감을 극복하는 가장 현명한 방법 168

세상이 내 뜻대로 안 될 때 기억해야 할 네 번째
한 우물만 파지 마라 : 신이 내게 주신 다양한 재능 찾기

꿈을 잃고 또 다른 꿈을 꾸다 184

또다시 열리는 문, 달리기 박사 1호 207

이제는 재능을 나누는 시대 219

함께 달려 행복한 세상 235

새는 날고 물고기는 헤엄치고 사람은 달린다 247

세상이 내 뜻대로 안 될 때
기억해야 할
첫번째

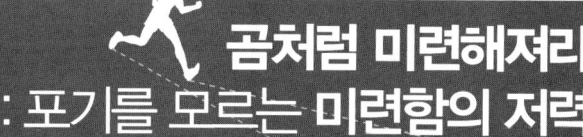

곰처럼 미련해져라
: 포기를 모르는 미련함의 저력

● ● ●

　사람들은 나 이홍열을 1984년 제55회 동아마라톤 대회에서 '마의 15분' 벽을 깨뜨리고 10년 만에 한국 마라톤 신기록을 갱신한, 성공한 마라토너로 기억한다. 요즘은 신문이나 TV를 통해 '이홍열의 마라톤 무료교실' 소식이 종종 전해져서, 은퇴 후 꽤 그럴 듯하게 잘 살고 있는 걸로 비춰질 수도 있다.
　하지만 내게 인생은 결코 녹록하지 않았다. 일단 왼팔의 장애부터가 그랬다. 두 살 때 왼팔에 심한 골수염을 앓아 어쩔 수 없이 요골의 일부를 절단했다. 그 어린 나이에 하루 네다섯 시간 동안 리어카로 병원을 오가며 팔의 고름을 빼내고 엉덩이에 주사를 맞아야 했다. 특히 리어카가 덜컹거릴 때마다 전해오던, 끔찍했던 엉덩이의 통증은 정말이지 두 번 다시는 떠올리고 싶지 않다. 중학교 다닐 땐 '팔 병신'이라 놀리는 친구들 때문에 자살까지 생각했고, 달리기를 시작하고선 선배들에게 '팔 병신은 운동하면 안 된다'며 매를 맞기도 했다.
　이렇게 세상이 뜻대로 안 될 때 나는 '곰 같은 미련함'을 무기 삼아 버텼다. 곰처

· · ·

럼 미련하고 우직하게 포기하지 않고 밀어붙이기, 그게 바로 내 뜻대로 안 되는 세상을 살아가는 나만의 전략이었다. 돌쟁이가 걸음마를 배울 수 있는 건 포기를 모르기 때문이다. 넘어지면 다시 일어나고 또 일어난다. 나도, 당신도 이런 식으로 걷고 달리는 걸 배웠다. 우리가 살아가는 세상도 마찬가지 아닐까. 걸음마를 배우는 돌쟁이들처럼 넘어지고 또 넘어져도 포기하지 않고 일어서다 보면 자신도 모르게 더 높고 더 먼 데 이르게 되는 게 인생 아닐까.

심장이 터질 것 같고 더 뛰다간 죽을 것 같은 때도 나는 곰 같은 미련함으로 한 발, 또 한 발 묵묵하게 달리는 마라토너였다. 트랙에선 은퇴했지만 인생에선 여전히 마라토너인 나는 앞으로도 이렇게 미련하고 우직하게, 결코 포기하지 않으며 살아갈 것이다. 그러다 보면 언젠간 뜻한 바를 이루는 순간이 온다는 걸 믿기 때문이다.

이 미련한 사람, 장하다. 정말 장해

꿈에 그리던 올림픽 무대, 그리고 끔찍한 사고

누구에게나 인생에서 잊지 못할 순간이 있다. 오랫동안 노력하고 준비해오던 일에서 원하던 결과를 얻어냈을 때, 또는 뜻하지 않은 행운을 만났을 때, 우리는 그로부터 수십 년이 지났어도 바로 어제 일인 양 아주 생생하게 당시의 일을 떠올린다.

내게도 그런 순간이 있다. 1984년 3월 동아마라톤대회에서 일명 '마의 15분'을 깨고 2시간 14분 59초의 신기록을 세운 일은 지금 떠올려도 심장박동이 빨라질 만큼 짜릿한 기억이다. 10년 동안 깨지지 않던 한국 마라톤 신기록을 갱신하고, 코오롱 명예회장이 내건 포상금 5천만 원을 손에 쥔 그날이야말로 마라토너 이홍열 인생에서 가장 자랑스럽고 행복한 순간이라 할 만하다.

  그런데 내 인생의 최고 절정기라 할 그날보다 내 뇌리에 더 강렬하게 남은 순간이 있다. 바로 1984년 8월 12일, LA 올림픽 마라톤 경기가 열리던 날이다. 그날 나는 국가대표 마라토너로서 영광스런 올림픽 무대에 섰지만, 경기 도중에 치명적인 무릎 부상을 당해 2시간 20분 57초, 37위라는 부진한 성적을 거두었다. 하지만 그날이 실패의 기억으로만 남은 것은 아니다. 내가 그날의 일을 회상할 때마다 떠오르는 건 손기정 선생님의 주름진 얼굴과 눈물이다. 결승점을 통과하는 나를 부둥켜안고 "이 미련한 사람, 장하다. 정말 장해." 하시면서 눈물을 흘리시던 선생님의 모습이 마치 영화 속 한 장면처럼 내 머릿속에 남아 있다.

  23회 하계 올림픽의 마지막 날이자 마라톤 경기가 있던 1984년 8월 12일 오후 4시, 나는 미국 LA의 산타모니카 대학 운동장에서 115명의 선수들과 함께 출발 신호를 기다리고 있었다. 한낮에 37°C까지 치솟은 기온은 오후가 되어서도 그 기세를 쉬 누그러뜨리지 않았다. 후끈거리는 지열이 종아리를 거쳐 허벅지까지 느껴졌다. 저 멀리 현

기증인 듯 아지랑이가 일었다.

  비장한 각오로 전방을 응시하며 버릇처럼 오른손으로 왼팔을 한 번 쓸었다. 두 살 때부터 앓은 골수염으로 왼팔 뼈의 일부를 잘라낸 바람에 내 왼팔은 오른팔에 비해 짧고 가늘다. 정교한 작업을 하거나, 무거운 물건을 들 수도 없다. 하지만 사람들은 내가 장애인이라는 사실을 잘 몰랐다. 평상시에는 긴소매로 왼팔을 가리고 지냈고, 운동복을 입을 때면 양팔을 앞뒤로 빠르게 흔들며 달렸기 때문에 유심히 보지 않는 한 크게 티 나지 않았다. 하다못해 내가 동아마라톤 대회에서 한국 신기록을 갱신하고 올림픽 국가대표로 선발되면서 스포츠신문 1면을 장식할 때조차 내 장애에 관한 기사는 단 한 줄도 실리지 않았다.

  모르는 사람들은 팔의 장애쯤은 달리는 데 아무런 지장을 주지 않는다고 생각할 수도 있다. 사실 나도 처음 달리기를 시작할 땐 그랬다. '팔은 부실해도 두 다리는 튼튼하니 그럼 달리기나 하자'고 생각했다. 하지만 국가대표를 은퇴한 후, 대학원에서 운동역학을 공부하면서 그런 생각이 얼마나 비과학적이었는지 뼈저리게 깨달았다. 달리기야말로 상체가 중요한 운동이다. 하체의 부담을 줄이고 빠르게 달리기 위해서는 그만큼 상체가 균형 있고 효율적으로 움직여줘야 하는 것이다. 그런 면에서 볼 때, 양팔의 균형이 맞지 않는 내 신체는 달리는 데 그야말로 최악의 조건이라 할 수 있었다. 그런 사실을 몰랐던 나는 겁 없이 달리기를 시작했고, 장애가 없는 동료들과의 경쟁에서 이기기 위해 그들보다 수십 배, 수백 배의 땀을 흘려가며 훈련에 매진했다. 그리고 마침내 운동선수들이 꿈꾸는 최고의 무대, 올림픽에 출전하게 되었다. 시간을 되돌려 그때로 돌아간다면 두 번 다시는 하지 못할, 끔찍하리만치 고되고 힘든 훈련을 통해 나는 이 자리까지 온 것이다.

새삼 각오를 다지며 이를 악무는 찰나, 더운 공기를 가르며 '탕' 하고 출발 신호가 울렸다. 나를 비롯해 115명의 국가대표 선수들이 일제히 움직이기 시작했다. 출발하자마자 트랙은 커브로 이어졌다. 나는 커브 안쪽 자리를 차지하기 위해 왼쪽으로 파고들었다. 두 시간 넘게 달리는 마라톤 코스에서 1, 2초란 시간은 보잘 것 없이 느껴지기 쉽지만 사실은 그렇지 않다. 1초의 시간차로도 기록이 갈리는 게 프로 선수들의 마라톤이다. 나만 해도 2시간 14분 59초의 기록으로 동아마라톤대회에서 '마의 15분' 벽을 깨지 않았나. 1초만 늦었어도 오늘날의 이홍열을 만든 그 영광의 날은 없었으리라.

그런데 단 몇 초라도 기록을 단축시키기 위해 커브 안쪽 자리를 차지하고자 한 건 나뿐이 아니었다. 거의 모든 선수들이 트랙 안쪽으로 파고들었고, 그 가운데 흑인 선수 하나가 다른 선수들의 진행 방향과 속도를 무시하고 무리하게 안쪽 진입을 시도하다 급기야 사달이 나고 말았다. 앞쪽 선수들이 그 흑인 선수의 다리에 걸려 연달아 넘어졌고, 나 역시 미처 속도를 줄이지 못해 그 무리에 섞여 고꾸라지고 말았다. 뒤에서 달려오던 선수들이 넘어진 선수들을 덮치거나 밟고 지나갔다. 그들도 빠르게 달려오다 속력을 줄이지 못했던 것이다.

뜨거운 트랙 위에 무릎을 꿇고 엎어진 내 몸을 다른 선수들이 코끼리 떼처럼 밟고 지나갔다. 신음을 내지를 여유도 없이 나는 그저 무기력하게 짓밟히고만 있었다. 정말 이상하게도 아픔은 전혀 느껴지지 않았다. 그저 머릿속이 하얘질 뿐이었다. 그 상태로 얼마만큼의 시간이 흘렀을까. 1년처럼 길던 그 순간이 지나가고 마침내 몸이 자유로워졌다. 고개를 들어보니 운동장 내에는 나를 포함해 선수 세 명만 남아 있었다. 다른 선수들은 이미 트랙을 빠져나간 것이다. 중계차나 주최 측 스태프도 보이질 않았다.

마음이 다급해진 나는 얼른 몸을 일으켰다. 오른쪽 무릎에서 피가 흘렀다. 살펴보니 살이 다 까져서 무릎뼈가 훤히 드러나 있었다. 무릎에서 흐른 피가 운동화를 붉게 물들였다. 나도 모르게 손끝이 떨렸다. 이런 상태로 달릴 수 있을까. 주변을 둘러봤지만, 감독님이나 우리 쪽 스태프들은 눈에 띄지 않았다. 그도 그럴 것이 경기 전 주최 측에서 선수들만 버스에 태워 산타모니카 대학 운동장으로 데려왔던 것이다. 선수 측 스태프는 한 명도 운동장 안으로 들어올 수 없었다.

나는 달리기 시작했다. 주최 측 스태프도 보이지 않는 이곳에 그냥 있어봐야 별 소용이 없었다. 경기를 할 수 있느냐 없느냐는 둘째 치고, 치료를 받기 위해서라도 어쨌든 이곳은 벗어나야 했다. 마취 주사를 맞은 듯 몸에 아무런 감각이 없었다. 트랙을 밟고 있는 발도, 앞뒤로 흔들리는 팔도 내 것 같지 않았다. 꿈속을 달리는 듯 몽롱한 기분이 들었다.

무릎에서 흐르는 피 때문에 운동화는 이미 피범벅이었다. 힘차게 뛰는 내 심장박동과 거친 숨소리 외엔 아무것도 들리지 않았다. 눈앞에는 이글대는 오후의 햇볕이 만들어낸 아지랑이 속에서 현실감 없이 일렁이는 아스팔트가 펼쳐져 있었다. 이런 몽환적인 상태에서 얼마나 달렸을까. 정신을 차려보니 스프링클러 아래를 지나고 있었다. 물이 닿자 무릎의 상처 부위가 비로소 욱신욱신 쑤셔오기 시작했다. 한 발 한 발 내딛을 때마다 극심한 고통이 엄습해왔다. 마취에서 깬 듯 갑자기 감각이 돌아오면서 코스 양옆에 몰려 있는 관객들이 눈에 들어왔다. 관객들은 내 무릎 부상과 엄청나게 흘러내리는 피를 보고 술렁거렸다. 그들 앞에서 힘없이 고꾸라지긴 싫었다. 체격이 왜소한 동양인 선수가 무릎 부상으로 마라톤 도중에 쓰러지는 꼴을 보여주고 싶진 않았다.

생각지도 못한 손기정 선생님과의 만남

나는 이를 악물고 묵묵히 달렸다. 오른발을 땅에 딛을 때마다 눈앞에 지옥이 오락가락하는 느낌이었다. 그래도 속도를 멈추지 않았다. 설마 무릎 때문에 죽기야 하겠어. 아니, 설령 죽더라도 달려야 했다. 그래야 나를 믿고 올림픽에 보내준 많은 사람들의 성원에 보답할 수 있을 테니까. 그리고 일생일대의 올림픽에서 기권했다는 후회가 남지 않을 테니까.

피가 철철 흐르는 오른쪽 무릎을 딛고 또 디뎌가며 그렇게 한 발 한 발 결승점을 향해 달려갔다. 초인적인 힘으로 달리고 또 달리다

보니 한 명, 두 명 다른 선수들을 제칠 수 있었다. 커브를 돌며 멀리 앞쪽을 바라보니 내 앞으로 달리는 선수들은 고작 7~8명 정도인 듯했다. 점차 자신감이 붙은 나는 경기 초반에 잃은 시간을 만회하기 위해 전속력으로 달렸다. 그러나 오버페이스로 급격하게 체력을 소비한 탓에 점차 뒤로 쳐질 수밖에 없었다. 팔다리가 마치 춤이라도 추는 것처럼 허공에서 허우적댔다. 호흡은 참을 수 없을 만큼 가빠오고, 누군가 잘 달궈진 쇠꼬챙이로 내 무릎을 쑤시는 것처럼 극심한 통증이 계속됐다.

관객들의 놀라는 표정이 슬로모션처럼 내 곁을 스쳐 지나갔다. 달리기를 멈춰라, 멈추지 않으면 큰일 난다. 내 몸에서 경보가 울리고 있었다. 하지만 나는 멈추지 않았다. 중간에 포기하는 방법을 내 인생 어디에서도 배워본 적이 없기 때문이다.

마침내 저 멀리 메인 스타디움이 보이기 시작했다. 더는 한 발자국도 못 움직일 것 같은데 신기하게도 내 몸은 착실히 한 발 또 한 발 앞으로 내딛으며 결승점을 향해 달리고 있었다. 눈앞에 보이는 메인 스타디움이 느리게 아주 느리게 다가왔다. 그렇게 힘겹게 달리고 또 달리노라니 드디어 우레탄 트랙이 밟히는 느낌이 발끝으로 전해졌다. 결승지점이 바로 코앞이었다. 나는 남은 힘을 쥐어짜는 심정으로 힘겹게 다리를 움직였다. 결승점까지 100미터, 50미터, 10미터, 그리고 마침내…. 골인!

내 몸은 안도감과 함께 급격하게 무너져 내렸다. 다리에 힘이 풀려 주저앉으려는 찰나, 누군가가 나를 안아 일으켜 세웠다. 힘겹게 고개를 들고 누군지 보려 했지만, 눈의 초점이 맞지 않았다. 가까스로 눈을 치켜떠보니 전혀 상상조차 하지 못했던 인물이 나를 바라보고 있었다. 그 사람은 바로 손기정 선생님이었다. 내가 헛것을 보는 걸까. 고개를 한 번 젓고 다시 한 번 올려다봤지만 역시 손기정 선생님이었다. 선생님의 눈가는 촉촉하게 젖어 있었다.

"이렇게 피투성이가 된 몸으로 어떻게 달렸나. 응? 이 미련한 사람 같으니라고."

이런 자리에서 손기정 선생님을 처음 뵙게 되리라고는 꿈조차 꾸지 못했다. 더구나 이렇게 초라한 몰골로 인사를 드리게 될 줄은 정말 몰랐다. 마음 같아서는 넙죽 큰절이라도 드리고 싶었지만 내 몸은 방전된 로봇처럼 꼼짝도 하지 않았다. 손가락 하나 까딱할 힘조차 없는 지친 내 몸을 손기정 선생님은 정성껏 마사지하셨다. 입으로는 연신 "미련한 사람, 미련한 사람……." 중얼거리고 계셨다. 그러다 선생님의 손이 내 왼팔로 옮겨간 순간, 선생님은 잠시 멈칫하셨다. 나는 선생님이 왜 그러시는지 알고 있었다. 내 왼팔이 남과 같지 않다는 것을, 내가 장애인이라는 것을 발견하신 것이다.

"아니 이 사람, 이제 보니…. 그럼 이제껏 이 팔을 하고 달렸던 건가? 이 팔을 하고?"

동아마라톤대회에서 한국 신기록을 세웠다는 젊은 후배를 응원하러 LA 메인 스타디움을 찾은 선생님은 오른쪽 무릎에 피 칠갑을 한 채 달린 이 미련한 후배가 알고 보니 왼팔에 장애까지 있다는 걸 아시고는 한동안 말씀을 잇지 못하셨다.

"정말 장하다, 장해."

눈가를 훔치신 선생님은 내 어깨를 힘주어 안으셨다. 울먹이는 선생님을 보자 내 눈에도 눈물이 맺혔다. 2시간 20분여의 사투, 그 힘겨운 여정을 마치고 마침내 결승점에 도착한 나는 손기정 선생님을 부둥켜안고 그렇게 한참을 울었다.

나는 포기를 모르는 미련퉁이다

그날 경기를 마친 나는 송구스럽게도 손기정 선생님께서 직접 밀어주시는 휠체어에 몸을 맡겼다. 내 기록은 2시간 20분 57초, 성적은 37위였다. 마라톤을 시작한 이래 이처럼 저조한 기록을 남긴 적은 없었다. 더구나 꿈에도 그리던 올림픽 무대에서 이런 성적을 기록하리라고는 상상조차 못했다. 솔직하게 말하면 혈기왕성했던 스물셋의 나는 죽어버리고 싶을 만큼 부끄럽고 한스러웠다. 경기 초반의 사고만 없었더라면… 그저 평상시 컨디션대로 달릴 수만 있었더라면 입상까지는 못해도 한국 신기록은 갱신할 수 있었을 텐데……. 머릿속엔 온통 그 생각뿐이었다. 그래서 손기정 선생님께서 연신 내게 "정말 장하다, 장한 사람이다." 칭찬해주신 것이 귀에 들어오지도 않았다. 손수 휠체어를 밀어주실 때도 운동복 밑으로 드러난 왼팔을 남들이 눈치 채진 않을까 그것에만 신경이 쓰였다.

만일 그때로 다시 돌아갈 수만 있다면, 나는 나 자신을 한결 관대하게 대할 수 있을 것 같다. 장애가 있는 왼팔로 국가대표가 되어 올림픽에까지 나가고, 사고로 심각한 무릎 부상을 입었는데도 끝까지 포기하지 않고 완주한 나, 이홍열을 스스로 칭찬하고 다독여주고 싶다. 그리고 손기정 선생님의 칭찬을 기꺼이 감사하게 받아들일 수 있을 것 같다.

 인생을 순탄하게만 살아온 사람이 어디 있으랴. 겉으론 멀쩡해 보여도 누구나 한두 가지쯤 상처나 아픔을 갖고 있기 마련이다. 내 경우엔 그게 왼팔이었다. 하지만 50이 가까워오는 지금 돌아보니 나를 성장시키고 단련시킨 일등공신도 바로 왼팔이었다. 왼팔에 장애가 있었기에 다른 사람들보다 더 오래 참고 오래 견뎠고, 더 끈질긴 사람이 되어야 했다. 쉽게 포기할 줄 모르는 미련퉁이가 되어야 했다.
 내가 현재 운영하고 있는 '이홍열 마라톤 무료교실'만 해도 그렇다. 처음에는 걷고 달리고자 하는 사람들을 도와주겠다는 소박한 마음으로 겁 없이 시작했다. 걷기와 달리기에 관한 그릇된 정보로 건강을 챙기기는커녕 오히려 부상을 입는 사람들이 많아지는 걸 그냥 두고만 보기 어려웠다.
 그렇게 시작한 '이홍열 마라톤 무료교실'에 사람들이 모여들었고, 어느덧 내가 감당할 수 없을 정도로 규모가 커졌다. 그러다보니 생업에 종사할 시간조차 내기가 어려워져 월세며 각종 공과금도 못 내는 형편이 되고 말았다. 하지만 나는 10년도 넘게 이 생활을 계속해오고 있다. LA 올림픽 때 무릎 부상에도 불구하고 기권을 못했던 것처럼 '이홍열 마라톤 교실'도 포기하기가 쉽지 않다. 나는 정말이지 어쩔 수 없는 미련퉁이인가 보다. 포기하면 편해진다는 걸 알면서도 그러지 못하는 미련퉁이 말이다.

가끔은 너무 힘들어서 '내 한계는 여기까지인가 보다' 하는 생각이 들 때도 있다. 그럴 때마다 떠오르는 사람은 손기정 선생님이다. "이 미련한 사람, 장하다. 정말 장해." 하시며 내 어깨를 부여안으시던 선생님이 떠오를 때마다 정신이 번쩍 든다. 포기할 줄 모르는 내 미련한 성품을 장하다고 칭찬해주신 분, 따뜻하게 안아주시고 함께 눈물을 흘려주신 그분을 생각하면 나는 더 이상 약해질 수 없다. 쓰러지고 넘어지고 실패는 할지언정, 기권과 포기는 없는 인생. 그게 바로 지금까지의 내 삶이다.

포기하지 않는 용기

원인 모를 골수염으로 왼팔 요골을 절단하다

"엄니, 아퍼! 아퍼!"

어머니 등은 땀에 흠뻑 젖어 있었다. 세 살배기였던 나는 어머니의 축축한 등을 작은 주먹으로 때리면서 울었다. 등에 너무 오래 업혀 있느라 허벅지 안쪽이 견딜 수 없이 아팠기 때문이다. 어머니는 내 울음소리에 포대기 줄을 조금 느슨하게 풀어놨다 다시 단단하게 여며 매셨다. 이미 두 시간이나 나를 업은 채 걸으셨으니 포대기 줄을 단단하게 동여매지 않고서는 더는 걸을 수 없으셨을 게다. 하지만 어린 내가 어머니의 그런 사정을 알 리 없었다. 어머니의 등을 주먹으

로 때리면서 또다시 울음을 터뜨렸다. 햇볕이 쨍쨍 내리쬐는 비포장 길을 어머니 등에 업혀 아파 죽겠다고 울면서 서너 시간씩 오가던 기억, 그것이 바로 머릿속에 남아있는 내 생애 첫 기억이다.

나는 두 살 때부터 왼팔에 원인 모를 골수염을 앓았다. 여기저기 용하다는 의원을 죄다 찾아다녀봤지만 뾰족한 치료법을 찾지 못했다. 결국 부모님은 나를 데리고 서울로 올라가셨다. '서울 큰 병원'에 가면 뭔가 기적 같은 치료를 해줄 거라 믿으셨던 거다. 하지만 '서울 큰 병원'에서는 청천벽력 같은 소리를 했다. 염증이 다른 부위로까지 번지고 있으니 아이를 살리려면 왼팔을 절단하라고 했다. 어머니는 그 자리에서 까무러칠 정도로 놀라셨단다. 아버지는 병원에서 시키는 대로 하고 아이 목숨은 건지자고 하셨지만, 어머니는 소릴 지르셨다.

"난 못해유. 죽였으면 죽였지, 이 어린 거 팔은 못 잘라유."

저렇게 고집부리다 애 잡는다고, 무식한 여편네라고 손가락질하는 사람들에게 어머니는 독하게 쏘아붙이셨다고 한다.

"내 어뜩케든 우리 아들 멀쩡하게 살려놓을 테니게 두고 보라고들. 우리 아들, 팔 병신 안 만들고 살려놓을 테니게!"

결국 나는 서울에서의 치료를 포기하고 고향 논산으로 돌아왔다. 그리고 얼마 안 있어 왼팔의 요골을 절단해야만 했다. 지금 내 왼팔은 오른팔에 비해 약 13cm 정도 짧고 굵기도 가늘다. 당시의 요골 절단으로 성장판에 문제가 생겼기 때문이다.

  왼팔 일부를 절단한 후에도 기나긴 치료가 이어졌다. 다른 부위로 염증이 번지지 않도록 매일같이 병원을 다니며 상처에서 고름을 빼내는 치료를 받았다. 매일 빼는데도 고름은 자꾸만 차서 한 번 뺄 때마다 거의 반 컵 정도의 양이 나왔다.

  어머니는 왼팔 전체를 잘라내지 않고도 아들을 멀쩡하게 살려놓겠다던 당신 말씀을 지키기 위해 최선을 다하셨다. 거사리에서 양촌면 소재 병원까지 나를 거의 매일 업고 걸어 다니셨다. 집에서 병원까지는 6km, 왕복 12km 거리였다. 두 살배기 아들을 등에 업고 하루 네다섯 시간을, 그것도 비포장 자갈밭을 매일 걷는다는 게 얼마나 고단한 일이었을까. 쌓인 눈에 미끄러지고 내리는 비에 쫄딱 젖어가며, 추우면 추운 대로 더우면 더운 대로 꼬박 4년을 병원에 데리고 다니신 어머니를 생각하면 지금도 눈가에 눈물이 고인다.

  한 번은 어머니 등에 업혀 있다 울며불며 내려달라고 악다구니를 쓴 적도 있다. 병원에 가려면 50m 정도 되는 다리를 하나 건너야 했는데, 마침 그땐 한여름 폭우가 다리까지 쓸어버린 뒤라 임시로 송판을 놓았더랬다. 홍수 끝이라 송판 다리 밑으로는 시뻘건 물이 콸콸 흐르고 있었다. 어머니 등에 업혀 그 광경을 보니 더럭 겁이 났다.

"괜찮여. 엄니가 너 꽉 붙들고 있으니게 괜찮여."

어머니가 다독이셨지만 어린 나로서는 오줌을 지릴 만큼 무서웠다. 어머니 등에 업혀 다리를 건너는 게 더 안전했을 테지만, 당시에는 높은 곳에서 내려다본 물살이 너무도 무서워 견딜 수가 없었다. 결국 내가 등에서 내려오겠다고 울며불며 난리를 치는 바람에 어머니는 내 손을 꼭 잡으신 채 물살을 헤치며 힘겹게 내를 건너서야 했다.

3년간 이어진 지옥 같은 통원 치료

그렇게 매일 같이 세 살배기를 등에 업고 네다섯 시간을 걸어 다니셨으니 어머니의 허리며 어깨가 남아났을 리 없다. 게다가 내가 네 살이 되어 몸무게가 부쩍 늘자 더는 등에 업히는 건 무리였다. 부모님은 나를 자전거에 태우기로 하셨다. 자전거 안장 뒤에 커다란 바구니를 달아 나를 거기 태우고, 핸들은 아버지가 잡으셨다. 어머니는 자전거를 따라 걸으시며 나를 부축하셨다. 병원까지 가려면 비포장 자갈밭을 걸어야 했는데, 여길 자전거로 지나가기란 쉬운 일이 아니었다. 툭하면 바퀴가 돌부리에 걸려 자전거가 중심을 잃기 일쑤였다. 더 큰 문제는 그럴 때마다 자전거가 위아래로 심하게 덜컹거린다는 점이었다. 매일 엉덩이에 주사 서너 대를 맞는 나로서는 자전거가 덜컹거릴 때마다 엉덩이가 너무도 아파 죽을 지경이었다. 울부짖는 네 살배기 아들을 데리고 꼬박 네 시간 동안 자갈밭을 걸으시길 거의 매일 반복했으니 당시 우리 부모님의 하루하루가 얼마나 팍팍했을지 짐작이 가고도 남는다.

며칠 그렇게 자전거로 병원을 오갔더니 내 엉덩이는 곪아 터져 걸레짝이 되었다. 아버지는 이번엔 리어카에 나를 태워보기로 하셨다. 리어카에 담요를 깔고 나를 앉히면 자전거보다야 낫지 않겠나 생각하셨던 거다. 하지만 어린 내가 느끼는 고통은 크게 다르지 않았다. 리어카도 돌밭에서 덜컹거리긴 매한가지였고, 그럴 때마다 내 입에선 비명이 튀어나왔다. 그러면 뒤에서 리어카를 미시던 어머니는 눈물을 또 흘리셨다.

이렇게 힘겹게 병원에 도착하면 또 다른 고통이 나를 기다리고 있었다. 잦은 주사와 덜컹거리는 리어카 때문에 곪아터진 엉덩이를 치료해야 했는데, 그 고통이란 정말이지 말로 다 표현할 길이 없다. 엉덩이가 찢어지는 것 같기도 불에 타는 것 같기도 한, 어린애가 감당하기에는 너무나 큰 고통이었다. 엉덩이를 치료하는 동안 부모님은 내가 움직이지 못하도록 팔다리를 꼭 붙잡고 계셔야 했다. 자유롭지 않은 팔다리를 버둥거리면서 정신없이 고함과 비명을 지르다 급기야 간호사와 의사에게 욕을 퍼부을 때도 있었다. 그리고 마침내 치료가 끝났을 땐 탈진해서 울 힘조차 남아 있질 않았다.

병원에 가지 않는 일요일이면 아버지가 의사 대신 고름을 빼주셨다. 고름을 빼고 드레싱을 하고 붕대를 감아주던 아버지 솜씨는 의사처럼 능숙했다. 몇 년 동안 날 데리고 병원에 다니시며 눈동냥 한 게 있었기에 간단한 의료 처치는 손수 하셨다. 급기야 동네사람들도 상처가 나면 우리 집으로 달려왔다. 우리 집에 웬만한 응급처치 기구들은 다 있었고, 아버지가 의사 흉내를 낼 줄 아셨기 때문이다.

이렇게 3년을 하루 같이 고생하시던 부모님 덕분에 여섯 살 되던 해, 팔이 점점 호전되기 시작했다. 남들보다 팔이 짧고 가는 거야 어쩔 수 없었지만 염증은 더 이상 생기지 않았고 고름도 나오지 않게 되었다. 무엇보다도 덜컹거리는 리어카를 타지 않아도 된다는 게 좋았다. 걸레짝처럼 헐었던 엉덩이에도 새살이 돋았다.

장남이었던 아버지는 할아버지께 꽤 많은 재산과 과수원을 물려받았다고 한다. 그런데 내 치료비를 대느라 논밭을 야금야금 팔아먹고 급기야 논 세 마지기밖에 남지 않았다. 그나마 과수원은 남아 있었지만, 그마저도 아버지가 나를 병원에 데리고 다니시느라 잘 돌보질 못해 식구들 입에 간신히 풀칠만 할 뿐이었다.

가세가 기울자 어머니가 팔을 걷어붙이셨다. 생활력 강한 어머니는 새우젓이나 소금이 담긴 커다란 양동이를 머리에 이고 이 마을 저 마을 돌아다니시며 장사를 하셨다. 과수원 일에 집안일까지 하셔야 했을 텐데 언제 장사까지 할 틈이 있었는지 모르겠다. 아무튼 어머니는 그 모든 일을 해내며 억척스럽게 하루하루를 살아내셨다.

포기하지 않으려면 용기가 필요하다

어머니는 포기를 모르는 분이셨다. 그 옛날, 어머니가 내 왼팔을 포기하셨다면 지금 내 인생은 어떻게 되었을까. 남들보다 짧고 가는 왼팔 때문에 학창시절엔 놀림을 당했고, 운동부 시절에는 왕따 비슷한 것도 당해보았다. 그러나 왼팔 전체를 잃었다면 아예 운동을 시작할 엄두도 내지 못했을 것이다. LA 올림픽 무대에 서보지도 못했을 테고, 손기정 선생님을 뵐 기회도 없었을 것이다. 왼팔이 없었다면 없는 대로 또 살았을 테지만, 마라토너 이홍열은 없었으리라. 그런 의미에서 나는 어머니께 정말 감사드린다. 내 왼팔을 포기하지 않은 어머니 덕분에 내 인생에서 더 많은 기회를 얻을 수 있었던 것 같다.

얼마 전 우연히 TV에서 한 어린 가수가 하는 이야기를 들었다. 그는 얼마 전 교통사고를 심하게 당했다고 한다. 갈비뼈가 폐를 찌르고 있는 상황이라 의사들은 목에 구멍을 내어 수술할 예정이었다. 그런 경우 목숨은 건질 수 있지만, 목이 상해 더 이상 가수생활은 불가능했다. 그때 그의 아버지가 결사반대를 했다. 이 아이에게 가수생활은 생명과도 같은데, 그걸 못하게 하면 살아도 사는 게 아닐 거라고, 절대 목으로는 수술할 수 없다고 했단다. 아버지가 하도 강하게 반대하자, 의사들은 번거롭고 위험부담은 높지만 목이 아닌 옆구리를 통해 수술하는 방법을 써보기로 했다. 수술은 무사히 끝났고, 지금 그는 가수로 복귀해 활발하게 활동하고 있다.

그의 이야기를 들으면서 나는 우리 어머니를 떠올렸다. 물론 무턱대고 의사 말에 반대하며 따르지 않겠다고 하는 것이 바람직한 일은 아니다. 그러나 바로 포기하지 않고 다른 방법은 없는지 찾아볼 필요는 있을 것이다.

어린 가수의 아버지나 우리 어머니나 의사의 말을 거역한다는 게 말처럼 쉬운 일은 아니었을 게다. 특히 우리 어머니와 같은 촌부에게는 의사의 말이 곧 법이자, 일종의 권력과도 같았으리라. 배운 것 없고 가진 것 없는 어머니가 아들의 목숨을 담보로 한다는데 감히 의사의 말을 거역하기 어디 쉬웠을까. 하지만 우리 어머니와 그의 아버지는 용기를 내셨다. 우리 아들의 왼팔만큼은, 우리 아들의 가수 생명만큼은 포기하지 못하겠다고 말이다. 그리고 그 용기가 자식들을 구했다.

무언가를 포기하지 않으려면 용기가 필요한 법이다. 어머니는 일평생 당신의 몸가짐과 행동으로 내게 그런 가르침을 주셨다. 미련하리만치 포기를 모르는 내 성품도 어찌 보면 어머니의 영향을 받아 만들어진 것 같다. 하늘은 오로지 포기하지 않는 자에게만 결실을 허락하며, 그러기 위해서는 누구보다 더 용기를 내야 한다는 것을 나는 아주 일찍부터 깨달았다. 그래서 몸도 성치 않은 놈이 무슨 운동을 하느냐는 아버지의 만류에도 물러서지 않고 버틸 수 있었고, 팔 병신은 운동하지 말아야 한다는 운동부 선배들의 협박에도 용기 있게 맞설 수 있었다. 물론 나도 때론 경기에서 트랙 위에 무기력하게 쓰러져 기권을 한 적도 있었고, 은퇴 후 벌인 사업들을 여러 사정으로 포기한 적도 있었다. 그러나 어느 것 하나 쉽게 포기한 것은 없다. 죽도록 노력하고 끝까지 붙잡고 있다 해도 해도 안 되는 때, 그때 포기했다.

어떤 일을 포기하지 않고 끝까지 해내려면 다른 하나를 포기해야 하는지도 모른다. 용기가 필요하다는 건 그런 의미일 것이다. 지금 당장의 어려움과 곤란함을 회피하고자 하는 달콤한 유혹, 그 안락함을 포기할 용기가 있어야 한다. 그러니 지금 또 무언가를 포기하려는 사람이 있다면 자신에게 한 번 물어보라. '자신에게 없는 건 끈기가 아니라 용기가 아닌가' 하고 말이다.

왼팔은 불편해도 나는 슈퍼맨

소년, 효자가 되기로 마음먹다

"야는 머스마가 우째 이리 강단진 겨."

어릴 때부터 나는 공부 잘한다는 소린 못 들어도 야무지고 일 잘한다는 소리는 많이 들었다. 시골에서 자란 아이들은 누구나 조금씩은 집안일을 거들게 마련이지만, 나는 유난히도 몸이 날래고 손끝이 여물어서 어른 한 명 몫을 거뜬히 해냈다. 짬이 나면 우리 집 일뿐 아니라 남의 집 일까지 종종 봐주면서 요즘 말로 아르바이트를 쏠쏠하게 했다.

겨울방학이면 볏짚 꼬기를 했다. 볏짚을 양팔 벌린 길이만큼 꼰 단

위를 '한 발'이라 하는데, '한 발당 얼마' 식으로 수고비를 받았다. 볏짚 두 가닥을 양손에 쥐고 그 끝을 발로 고정한 다음 두 손바닥을 비벼가면서 시계방향으로 꼬다 보면 양 손바닥에 물집이 잡히기 일쑤였다. 굳은살 박인 어른 손은 그나마 괜찮지만, 말랑말랑하고 여린 아이 손에는 금세 물집이 잡힌다. 그래도 나는 이를 악물어가며 볏짚을 꼬았다. 물집이 터지고 그 자리에 굳은살이 박일 때까지, 팔다리가 쑤셔 일어서지도 못할 때까지 해댔다. 새벽부터 밤늦게까지 꼼짝도 않고 한자리에 앉아 볏짚을 꼬고 있는 날 보고 어른들은 어린놈이 독하다고 혀를 내둘렀다. 게다가 새끼 꼬는 솜씨도 꽤 괜찮아서 여기저기 불려다니는, 꽤 잘나가는 일꾼이었다.

보리 수확기에는 탈곡기 집에서 일을 했다. 보리를 수확할 때쯤이면 학교에서는 가정실습 명목으로 단기 방학을 했다. 일손이 부족하니 아이들도 집안일을 거들라는 뜻이었다. 과수원을 하던 우리 집은 보리 수확기라고 딱히 바쁠 게 없었다. 그래서 한창 일손이 달리는 보리 탈곡기 집에서 품삯을 받고 일을 도왔다. 처음에는 보리를 가지런히 펴거나 탈곡기에서 쏟아지는 보리를 정리하는 일만 하다 초등학교 고학년 때부턴 보리를 기계에 집어넣는 일을 했다. 보리를 탈곡기에 집어넣으면 보리 낱알이 사방으로 튀어 얼굴이며 목덜미를 사정없이 때리는데 그게 어찌나 따가운지 살갗이 벌겋게 부풀어 오르고 눈물이 쏙 나온다. 일을 마치면 옷 안으로 들어간 보리 낱알 때문에 온몸이 까슬까슬하고 심지어 콧구멍에서도 보리 부스러기와 먼지 등이 한가득 쏟아진다. 당연히 탈곡기에 보리 넣는 일은 다들 안 하려고 했지만, 어린 나는 그 일을 자청해서 도맡아 했다. 힘든 일인 만큼 품삯을 더 많이 받을 수 있었기 때문이다.

하루 종일 탈곡기를 돌리면 함께 일한 세 명의 조원에게 보리 한 가마가 떨어졌는데, 내가 가장 많은 양을 가져갔다. 뿐만 아니라 내게는 특혜 아닌 특혜도 주어졌다. 탈곡기가 과열되는 걸 막기 위해 채워둔 물이 뜨겁게 데워지면 거기에 감자를 쪄먹을 수 있었다. 감자를 실에 꿰어 탈곡기 물속에 담가 놓았다가 잠시 후 실을 잡고 감자를 끌어올린다. 그렇게 익힌 감자를 호호 불어가며 한 입 깨물면 그야말로 별미가 따로 없다. 탈곡기 주인이 일 잘하는 내게만 허락했던 그 특혜 때문에 어린 나는 탈곡기 아르바이트가 더 신나고 재미있었다.

자라면서 주변 어른들로부터 가장 많이 들은 소리는 효자가 되라는 말이었다. 내 병원비를 대느라 가세가 심하게 기울었고, 부모님의 마음고생이 이만저만이 아니었으니 나는 꼭 효도를 해야 한다고들 하셨다. 부모님이 병원에 쏟아 부은 돈만 해도 3억이 넘었다고 했다. 3억이면 지금도 오금이 저릴 만큼 큰돈인데 당시에는 오죽했겠는가. 어린 나로서는 3억 원이라는 돈이 얼마나 어마어마한지 전혀 실감하지 못했지만 부모님이 나 때문에 큰 고생을 하셨다는 것만큼은 어렴풋이 이해할 수 있었다.

아마도 그래서였을 것이다. 내가 일찍부터 아르바이트를 닥치는 대로 했던 것은. 우리 식구 누구도 내게 돈을 벌어오라 시킨 적이 없건만 나는 악바리 소리까지 들어가며 열심히 일했다. 그게 어른들이 말하는 효도일 거라고 철석같이 믿었다.

어른 뺨치게 수완이 좋았던 꼬마 일꾼

아르바이트가 없는 날에는 집안일을 도왔다. 학교에서 돌아오면 손 씻을 틈도 없이 손수레를 끌고 뒷산에 올라갔다. 땔감을 모으기 위해서였다. 볏단은 주로 소여물로 썼기 때문에 땔감으로는 솔잎을 많이 썼는데, 나는 욕심이 많아서 늘 손수레 한가득 솔잎을 그러모아 집으로 가져갔다. 어떤 때는 말라죽은 소나무 가지를 모으기도 했다. 소나무 가지는 송진 성분 때문에 한 번 불을 때면 꽤 오래간다. 하지만 껍질이 미끄러워 나무에 오르는 게 여간 어렵지 않았다. 왼팔이 불편한 나로서는 더욱 그랬다. 마음 같아서는 손수레 가득 소나무 가지를 채우고 싶은데 그러질 못하니 소나무를 노려보며 씩씩대다 집으로 돌아가곤 했다. 그러던 어느 날, 좋은 꾀가 떠올랐다. 볏짚을 꼬아 번 돈의 대부분은 어머니께 드렸지만, 내 몫으로 몇 푼 남겨둔 게 있었다. 그 돈으로 나일론 빨랫줄을 조금 사서는 끝에 작은 돌을 매달았다. 그러고는 그걸 빙빙 돌려 원심력이 좀 생겼다 싶을 때 소나무의 썩은 가지 근처에 날렸다. 돌멩이가 가지 끝에 걸렸을 때 나무 밑에서 빨랫줄을 힘차게 당겼더니 가지가 뚝하고 끊어지면서 땅으로 떨어졌다.

이런 방법으로 꽤 많은 소나무 가지를 구해 집에 가져가니 어머니 입이 함박만 해졌다. 그런 날이면 밥상부터 달라졌다. 당시 우리 집에서 쌀밥은 늘 아버지 차지였다. 우리 형제들에게 먹일 밥은 보리밥과 쌀밥을 휘휘 섞어 내셨는데, 내가 소나무 가지를 잔뜩 짊어지고 집에 돌아오는 날이면 내 밥그릇에도 아버지와 똑같은 흰쌀밥을 가득 담아 주셨다. 형들이 "우째 야만 밥이 달부대유?" 하고 따지면 어머니는 꿀밤을 한 대씩 때리시면서 말씀하셨다.

"니들도 홍열이랑 한양('같이'의 충청도 방언) 낭구('나무'의 방언) 했간?"

흰쌀밥을 먹고 싶었던 작은형이 하루는 자기도 나무를 하겠다며 뒷산에 쫓아온 적이 있었다. 하지만 손수레를 절반도 채우지 못하고 줄행랑을 쳤다.

"작은성, 제우 요거 허구 내빼는 겨?"

내가 잡으면 작은형은 "니열('내일'의 방언) 혀, 니열." 하면서 쏜살같이 사라졌다. 물론 작은형은 이튿날에도 뒷산 쪽에는 코빼기도 비추질 않았다.

좀 멀리까지 나무를 하러 갈 때는 누룽지 도시락을 싸갔다. 원래 밥을 지을 때는 가마솥이 한 번 부르르 끓어오르면 더 이상 아궁이에 불을 안 때고 3~4분 정도 가만히 두었다가 다시 살살 불을 때며 뜸을 들여야 한다. 그런데 나무하러 가는 날에는 일부러 불 옆을 지키고 섰다가 가마솥이 끓어오른 뒤에도 계속해서 불을 지폈다. 그래야 누룽지가 만들어지기 때문이다. 어머니는 밥으로 먹을 쌀도 없는데 누룽지로 먹을 쌀이 어디 있냐면서 누룽지를 절대 만들어 주지 않으셨다. 그렇다고 누룽지 도시락을 포기할 순 없었다. "홍열이, 니가 또 고쿠락('아궁이'의 방언) 건드린 겨?" 하고 치도곤을 당할 걸 알면서도 엄마 몰래 누룽지를 만들었다. 그렇게 만든 누룽지를 신문지에 둘둘 싸서 부엌 선반 한구석에 숨겨두었다. 학교에 가 있는 동안 다른 형제들이 발견해 먹어치우면 곤란하니 말이다.

학교가 끝나면 서둘러 집에 돌아와선 부엌에서 누룽지를 꺼내들고 산을 올랐다. 한참 정신없이 나무를 하다 출출해지면 신문지를 펴고 누룽지를 먹는데, 그쯤 되면 누룽지는 신문지에 절반 이상 들러붙어 반밖에 남아 있질 않았다. 그래도 밥풀 하나하나까지 떼서 알뜰하게 먹었다. 목이 메면 바로 근처 개울물을 퍼마셨다. 겨울에는 꽝꽝 언 개울물을 돌멩이로 깨서 마시기도 했다. 신문지 냄새가 나는 손바닥만한 누룽지 하나와 차가운 개울물 한 모금, 그 기막힌 맛은 직접 먹어보지 않으면 모른다. 살면서 각종 산해진미를 맛볼 기회가 있었지만 어릴 때 나무하다 먹은 그 조촐한 식사만큼 달고 맛있진 않았다.

누룽지 도시락을 다 해치우면 나무하는 데 다시 열중했다. 어린 게 통은 커서 늘 집에 가져가지 못할 만큼 많은 양을 모았다. 기껏 해놓은 나무를 집에 못 가져간다는 게 너무 아까웠던 나는 그것들을 칡넝쿨로 꽁꽁 싸매 눈에 띄지 않는 곳에 잘 숨겨두고 산을 내려왔다.

그런데 등에 멘 나무의 양도 워낙 많았기 때문에 집에 도착하기도 전에 녹초가 되는 경우가 많았다. 그럴 때면 또 눈물을 머금고 나무 적당량을 떼서 안 보이는 데 잘 숨겼다. 이튿날 산에 다시 올라가 전날 숨긴 나무를 찾는데 벌써 누가 가져갔는지 흔적도 못 찾기 일쑤였다. 그러면 아깝고 억울해 씩씩거리며 또 나무를 했다.

하루는 산에서 나무를 하다가 상수리 열매를 몇 개 주워 갔더니, 어머니께서 "뭔 상수리가 이렇게 많다냐. 묵 해먹으면 배 터지겄다." 하시면서 좋아하셨다. 그래서 그날부턴 상수리 열매를 줍는 게 하루 일과가 되었다. 뭐든 많이, 빨리 해야 직성이 풀리던 내가 땅에 떨어진 상수리 열매를 줍는 것만으로 만족할 리 없었다. 한꺼번에 많은 열매를 구할 방법이 없을까 궁리하다가 커다란 돌로 상수리나무를 쾅하고 쳤다. 그랬더니 열매가 비처럼 우수수 떨어지는 게 아닌가. 신이 나서 몇 번이고 나무를 치고 있는데 소리를 듣고 산지기가 달려왔다. "야 이놈아, 낭구 상헌다. 썩 꺼지지 못햐?"

아쉬움이 남았지만 하는 수 없이 돌을 내려놓고 상수리 열매를 줍기 시작했다. 예상보다 많은 양이었다. 그 많은 양을 다 가져갈 방법이 없어서 입고 있던 내복 바지를 벗었다. 바짓부리를 꽁꽁 동여매고는 그 안에 상수리 열매를 담았더니 꽤 쓸 만한 주머니가 되었다.

다음번에는 나무를 돌로 쳐 열매를 떨어뜨리는 것 말고 다른 방법을 썼다. 맨발로 상수리나무에 올라가 가지를 잡고 발로 팅팅 치면 열매가 쏟아졌다. 상수리나무에 달라붙어 있는 바구미가 어찌나 징그럽던지 온몸의 털이 바짝 서는 것 같았지만 이를 악물고 참았다. 상수리 열매를 잔뜩 집에 가져가면 어머니가 얼마나 기뻐하실까, 그것만 생각하면 아무리 징그럽고 힘이 들어도 얼마든지 참아낼 수 있었다.

슈퍼맨이 되는 비밀

어머니는 내가 집안일을 열심히 하거나 아르바이트로 돈을 벌어오면 언제나 크게 기뻐하셨다. 대견하다고 머리도 쓰다듬어 주시고 엉덩이도 두들겨 주셨다. 나는 어머니가 그럴 때가 참 좋았다. 비로소 어른들이 말하는 그 효자란 게 된 거 같고, 부모님 마음고생에 조금이나마 보답한 것 같기도 했다. 하지만 어린 나는 몰랐다. 어머니는 내가 집으로 가져오는 돈이나 땔감, 상수리 열매 때문에 웃으신 게 아니라는 걸 말이다. 어머니는 한쪽 팔이 부실한 셋째 아들이 어디 가서 대접도 못 받고 사람 구실도 못하는 게 아닐까 늘 염려하셨을 게다. 그러다가 이렇게 멀쩡하게, 어른 뺨칠 만큼 야무지게 일을 해내는 걸 보고 그게 좋으셨던 거다. 어머니의 그런 마음을 어른이 되고서야 깨달았다.

만일 어머니께서 팔 한쪽이 성치 않다는 이유로 그 모든 일을 못하게 만류하셨다면 어땠을까. 보기에 안쓰럽다며 집안에서 꼼짝도 못하게 하셨다면 또 어땠을까. 아마도 나는 하루 24시간 내 왼팔을 의식하며 지내야 했을 것이다. 왼팔 때문에 아무것도 못하는 아이로 스스로 단정 짓고 정말 아무것도 하지 않으려 했을 것이다. 그렇게 보면 나를 자꾸만 밖에 내보내시고 무엇을 하든 잘한다고, 장하다고 칭찬해주신 어머니야말로 현명하셨던 것 같다. 그런 어머니가 계셨기에 나는 성치 않은 왼팔에도 불구하고 거리낌 없이 산으로 들로 돌아다니고 나무를 오르내릴 수 있었다. 논일이든 밭일이든 새끼 꼬기든 내가 못하는 일은 아무것도 없다는 자신감도 가질 수 있었다.

운동을 하겠다고 마음먹었을 때도 마찬가지였다. 아버지는 그런

팔로 어떻게 운동을 할 거냐고 심하게 반대하셨지만 나는 자신이 있었다. 그때까지 살아오면서 내 왼팔 때문에 못한 일이라고는 단 하나도 없었기 때문이다. 그런 배포, 자신감을 키워주신 게 바로 어머니셨다.

  장애, 그 자체는 사실 아무런 문제도 되지 않는다. 그것 때문에 아무것도 못한다고 생각할 때 비로소 문제가 되는 것이다. 주변을 돌아보면 장애는커녕 외모에 자신감이 없다거나 목소리가 이상하다거나 하는 이유만으로 아무것도 못하겠다는 사람들이 참 많다. 이런 사람들에겐 외모나 목소리가 실질적으로 장애나 마찬가지인 셈이다. 자신을 옭아매고 인생을 옭아매는 장애 말이다.
  '○○ 때문에 아무것도 못한다'는 생각을 넘어서는 순간, 변화는 찾아온다. 무능력하고 무기력하던 자신이 '○○에도 불구하고 무엇이든 할 수 있는' 사람이 되는 것이다. 왼팔이 성치 않았던 소년이 무엇이든 할 수 있는 슈퍼맨이 될 수 있었던 비밀, 그건 바로 이런 생각의 전환에 있었다.

곰처럼 미련하고 우직하게, 한 발 또 한 발

오리 잡으려다 죽을 뻔한, 세상에 둘도 없는 미련퉁이

내 고향 양촌에는 아주 커다란 저수지가 하나 있다. 이름은 탑정저수지인데, 이것을 사이에 두고 양촌과 논산이 서로 마주보고 있다. 지금은 수상스키도 타고 낚시도 하고 사진 애호가들이 카메라 셔터를 눌러대기도 하는, 제법 유명한 관광지지만 내가 어릴 때만 해도 그곳은 동네 꼬마 녀석들의 놀이터였다. 여름에는 물놀이, 겨울에는 썰매 타기를 하는 아이들로 늘 시끌벅적했다. 한편 어른들은 오리를 건져 올리는 재미로 탑정저수지를 찾았다. 고무신도 아니고, 날개 달린 오리를 어떻게 건져 올리나 의아하게 생각하겠지만 정말이다. 오리를 건져 올리려면 일단 벼를 사이나라는 독극물에 담갔다가 저수지 여기 저기에 두어야 한다. 오리가 그걸 먹고 정신을 못 차릴 때 살짝 다가가 얼른 건져 올리는 것이다. 지금 같으면 환경오염이다, 동물학대다, 난리가 날 일이지만 당시는 너나없이 그렇게들 오리를 잡아서 내다 팔거나 별미를 즐겼다. 나도 저수지에 놀러 나갔다가 어른들이 오리를 건져 올리는 걸 몇 번인가 어깨 너머로 구경한 적이 있다. 오리가 영 맥을 못 추는 모습이 신기하기도 하고, '내 손으로 오리 한 번 건져 봤으면 좋겠다'는 생각도 했던 것 같다. 만일 이후에 내게 벌어질 사건을 미리 알았더라면 그런 생각은 아예 하지도 않았으리라.

중학교 다닐 때의 일이다. 스케이트를 타러 새벽 댓바람부터 저수지에 나갔다. 해가 나면 얼음이 녹아 스케이트가 잘 안 나가기 때문에 스케이트를 타기엔 새벽이 가장 좋았다. 입김을 내뿜으며 저수지에 도착하니, 칼날처럼 날카롭고 푸른 새벽 공기가 폐 속 깊이 파고들었다.

으슬으슬 한기가 돌았지만 스케이트를 타다 보면 어느새 땀이 날 거라 생각했다. 곱은 손으로 막 스케이트의 끈을 조이고 있는데, 어디선가 푸드덕거리는 소리가 들려왔다. 어둑어둑한 주변을 휘 돌아보니 저수지 저쪽, 물이 흘러 얼음이 얼지 않은 쪽에 희뿌연 물체가 하나 떠 있는 것이 보였다. 오리였다. 힘없이 날개만 푸드덕거리는 꼴이 한눈에 보기에도 정상이 아니었다. 아무래도 사이나에 담근 벼를 먹고 중독된 것 같았다. 나는 속으로 쾌재를 불렀다. '오늘은 오리고기를 먹겠구나!' 하는 순간 나는 어느새 옷을 훌훌 벗어던지고 있었다.

때는 영하 12도를 밑도는 겨울날 새벽이었다. 발가벗은 채 맨발로 저수지 얼음을 디딘 느낌을 무어라 설명할 수 있을까. 춥다거나 발이 시리다는 표현으로 부족하다. 발바닥이 떨어져나가는 듯한 고통, 바로 그런 느낌이었다. 나는 덜덜 떨리는 몸을 잔뜩 움츠리고는 얼음 위를 종종걸음으로 걸어서 오리 쪽으로 다가갔다. 그러다 갑자기 어느 순간, 내 몸이 쑥 아래로 꺼지면서 온몸에 극심한 고통이 찾아왔다. 얼음이 내 몸무게를 감당하지 못하고 깨져버린 것이다. 솔직히 무섭지는 않았다. 여름이면 늘 물놀이를 하던 곳이라 우습게 보는 마음이 있었기 때문이다. 문제는 엄청난 추위였다. 누가 내 안면 근육을 리모컨으로 조종이라도 하는 것처럼 의지와 상관없이 턱이 엄청나게 떨렸다. 윗니와 아랫니가 서로 맞부딪히는 소리를 들으며 나는 조금씩 오리에게 다가갔다. 간신히 얼음을 붙잡고 겨드랑이로 지탱하나 싶으면 푹 꺼지고, 또 얼음을 붙잡고 겨드랑이로 지탱하면 푹 꺼지고… 얼음에 베인 겨드랑이에서 어느새 피가 흥건하게 흐르고 있었다. 그제야 당황한 나는 주변을 돌아보았다. 하지만 너무 이른 시간이라 도와줄 사람 하나 보이질 않았다. 꽝꽝 얼어 말을 듣지 않는 몸으로 나는 오리가 있는 쪽으로 이동했다. 마침내 떨리는 내 손이 오리를 낚아채는 데 성공했다. 그리고 그 순간이었다. 몸이 아래로 더 쑥 빠지는 느낌이 들더니 발이 땅에 닿질 않았다. 엄청난 공포심이 나를 엄습했다. 이러다 죽을 수도 있겠구나, 더럭 겁이 난 나는 필사적으로 허우적거렸다. 그런데 지금 생각해도 참 이상한 일이다. 그 와중에도 내 손은 오리를 꽉 붙잡고 놓질 않았다. 여기서 오리를 놔버린다면 죽을 등 살 등 여기까지 온 게 허사가 된다는 생각 때문이었다. 죽을 때 죽더라도 오리만큼은 놓치지 않겠다는 오기 비슷한 것도 있었다. 얼마만큼의 시간이 흘렀을까. 한 손에 오리를 움켜잡은 채로 몇 번인가 물을 먹으면서 발버둥을 친 끝에 마침내 가까이 있던 얼음에 몸을 의지할 수 있었다. 간신히 지탱하나 싶으면 깨지고, 또 얼음을 잡아 지탱하나 싶으면 또 깨지기를 수십 차례… 이제 온몸에 힘이 빠져 더는 버티지 못하겠다고 생각하던 찰나, 기적처럼 땅에 발이 닿았다. 그리고 잠시 후, 나는 저수지를 벗어나 마침내 뭍에 올랐

다.

참으로 매서운 날씨였다. 내 머리카락은 이미 동태처럼 꽝꽝 얼어 있었다. 기다시피 해서 옷을 벗어놓은 곳까지 간 나는 경련을 일으키듯 몸을 떨면서 옷을 주워 입었다. 물론 한 손은 여전히 오리를 움켜쥔 채였다. 추웠다. 너무 추워서 집까지 전속력으로 달렸다. 때마침 불어오는 바람이 젖은 뺨을 사정없이 할퀴었다.

집에 들어서자마자 어머니가 내 꼴을 발견하시곤 달려오셨다. 어머니는 내가 움켜쥐고 있던 오리를 보시고는 대강의 사태를 파악하셨다. 재빨리 군불을 땐 아랫목에 나를 눕히시고 따뜻한 물을 내오셨다. 하지만 이미 내 몸은 단단히 사달이 난 상태였다. 그 후 일주일 동안은 아주 호된 감기를 앓느라 이부자리에서 일어나질 못했다.

곰처럼 미련하단 말이 내게는 칭찬

그렇게 힘들게 잡은 오리를 어떻게 했는지는 기억나질 않는다. 그러고 보면 내게는 오리 자체가 필요했던 건 아닌 모양이다. 끝까지 포기하지 않고 마침내 오리를 손에 넣는 것, 그게 내게는 더 중요했던 것 같다. 어머니는 그런 나를 보고 '세상에 둘도 없는 미련퉁이'라고 핀잔을 주시곤 했다. 길이 끊기거나 막혔으면 포기할 줄도 알아야지, 그걸 끝까지 가보겠다고 목숨 걸고 안간힘 쓰는 놈이라며 꾸중도 하셨다. 하지만 어쩌겠나. 원체 그렇게 타고난 것을.

사실 '세상에 둘도 없는 미련퉁이'짓을 한 게 그때가 처음은 아니었다. 초등학교 6학년 땐가, 매스게임을 한 적이 있다. 당시만 해도 내 덩치가 또래보다 큰 편이었기 때문에 담임선생님은 나를 맨 아래 엎드리게 하셨다. 원래 매스게임이라는 것이 맨 아래 엎드린 사람이 가장 힘들기 마련이지만, 내 경우에는 특히 더 그랬다. 힘이 약하고 길이가 짧은 왼팔 때문이었다. 담임선생님은 내가 왼팔에 장애가 있다는 것을 아시면서도 나를 그 자리에 배치하셨다. 무신경하셨던 건지 내가 너무 멀쩡해보였는지 그 이유는 모르겠다. 아무튼 나는 꼼짝없이 그 엄청난 무게를 감당해야만 했다.

친구들이 하나둘씩 올라가자 내 왼팔은 부들부들 떨려오기 시작했다. 그런데도 신음 한 번 안 냈다. 선생님께 자리를 바꿔달라고도 하지 않았다. 팔이 휘어지는 고통을 그냥 묵묵히 견디고만 있었다. 아이들 앞에서 자리를 바꿔달라고, 내 팔에는 맨 아랫자리가 무리라고 말씀드리는 것이 너무나 자존심 상했기 때문이다. 그렇게 약한 꼴을 보이느니 매스게임을 하다 윗팔이 부러지는 편이 나을 거라고 생각했다. 그런 오기로 수십 번의 연습을 버텨낸 나는 운동회 당일 무사히 공연을 마쳤다. 천만다행으로 왼팔이 잘못되는 일은 일어나지 않았지만, 그 고통은 지금도 생생할 만큼 끔찍했다.

 이런 비슷한 사건들은 자라면서 수도 없이 많았다. 한 번은 형들과 과수원 일을 돕고 있었다. 형들은 내 왼팔에 힘이 별로 없으니 리어카를 끄는 일은 시키지 않고 미는 일만 시키려 했다. 그런데 형들의 그런 배려가 나는 정말 싫었다. 팔은 불편해도 형들보다 뭐든 잘한다는 걸 분명히 보여주고 싶었다. 그래서 리어카를 끌겠다고 자청하고는 무조건 달렸다. 뒤에서 리어카를 밀던 작은형이 따라오지 못할 정도로 냅다 달렸다. 그러다 돌밭에 바퀴가 걸려 리어카가 뒤집어지는 사고가 나고 말았다. 다행히 크게 다치지는 않았지만 리어카의 밤송이들이 여기저기 데굴데굴 굴러서 다시 모으느라 땀 꽤나 흘렸다. 어머니께 호되게 꾸지람을 들은 건 물론이다. 그때도 어머니는 말씀하셨다. 미련하기가 곰 같은 놈이라고, 아무리 형들에게 보여주고 싶었

어도 제 몸 상하는 건 피해야 하지 않느냐고 말이다.

 하지만 난 달라지지 않았다. 고추밭을 다질 때도 형들에게 지기 싫어 숨 쉴 겨를도 없이 열심히 했다. 밭두렁을 하나씩 맡아 호미를 들고 시작하는데, 출발선은 같아도 일을 가장 먼저 끝내는 건 언제나 나였다. 그리고 그런 날 밤에는 항상 허리며 어깨가 아파 끙끙 앓았다.

 내가 무릎 뼈가 드러날 만큼의 큰 부상을 입고도 LA 올림픽 마라톤에서 기권하지 않은 건 어쩌면 어릴 때 이미 정해진 일이었는지도 모른다. 물에 빠져 죽을 상황에서도 오리를 포기하지 않고, 팔이 휘어지는 고통 속에서도 매스게임의 맨 아랫자리를 지키던 어린 시절부터 내겐 그런 미련한 구석이 있었다. 어머니 말씀대로 곰 같은 미련함이었다. 하지만 생각해보라. 곰이 미련하고 아둔해 보여도 실제로는 영민하고 민첩한 동물이라지 않은가. 마찬가지로 지금 당장은 저 힘든 줄 모르고 포기를 안 하는 사람이 미련해 보여도 멀리 보면 그 반대일 수도 있지 않을까. 아마도 그래서 어머니는 내게 "곰처럼 미련한 녀석!"이라고 하시면서도 늘 웃으셨는지도 모르겠다.

 곰처럼 미련하게 내가 처한 상황에서 도망치지 않고 꾸준하게 한 발, 또 한 발 내딛는 자세, 인생을 살아가는 데 그것만큼 강력한 무기는 없으리라. 예전에도 그랬듯 나는 앞으로도 곰처럼 살 것이다. 포기하지 않고 물러서지 않고 그렇게 미련하고 우직하게 살 것이다.

편견 50대로도 꺾지 못한 나의 꿈

팔 병신은 운동하면 안 된다고?

달리기를 본격적으로 시작한 것은 대전의 마라톤 명문, 대성고등학교에서였다. 체육특기생으로 입학해 달리기를 본격적으로 배운 지 6개월 만에 조폐공사가 주최하는 충남도내 단축마라톤대회에서 1위를 차지했다. 당시에는 충청도가 달리기에 매우 강했다. 전국 1~3위가 다 충청도 출신이었으니 충청도 대회 1위가 곧 전국 1위나 다를 바 없었다. 고 2때부터는 바야흐로 전국대회에 진출해 1위를 휩쓸기 시작했다. 고등학생 중엔 내 적수가 될 만한 인물이 없었다. 400m 트랙을 돌며 5km를 뛰면 2등과 반 바퀴는 차이가 날 정도로 월등한 실력을 자랑했다. 사정이 이렇다 보니 나는 자연스레 고등부 대회뿐 아니라 일반부 대회까지 평정하게 되었다.

그런데 내 승승장구가 선배들 눈에는 좋이 보이지 않았던 것 같다. 지금도 그렇지만 당시엔 운동부 선후배들 간에 규율이 무척 엄격했고, 선배들이 후배들의 버릇을 잡는다며 기합을 주거나 구타하는 일도 비일비재했다. 나 역시 선배들로부터 야단도 많이 듣고 기합도 많이 받았는데, 때로는 무척 억울하기도 했다.

혼자 자취생활을 한 탓에 나는 상습적인 지각생이었다. 오전 훈련은 아예 선배들보다 한 시간 정도 먼저 나갔기 때문에 별문제가 없었지만, 오후 훈련은 너무 피곤한 나머지 잠에서 깨어나질 못해 지각을 하기 일쑤였다. 깨워줄 식구도 없고 자명종을 살 여유도 없었기 때문에 번번이 훈련시간에 늦었다. 훈련 시간에 늦는 것은 명백한 잘못이다. 선배들이 야단치고 기합을 준다고 해도 할 말이 없었다. 그런데 그럴 때마다 훈련에 늦었다고만 야단치는 게 아니라 꼭 '팔 병신' 소리까지 나온다는 게 문제였다. 유독 나를 못살게 굴던 선배 하나는 내가 무슨 잘못을 할 때마다 때리거나 기합을 주면서 이렇게 말했다.

"그러니까 너 같은 놈은 운동하면 안 돼. 팔 병신이 무슨 운동이야? 당장 때려치워!"

 마음 같아서는 '팔 병신' 운운하는 선배의 턱에 주먹을 날려주고 싶었다. 왼팔은 부실할지 몰라도 내 오른팔은 꽤 단단하고 강단 있었다. 중학교 시절에는 나를 팔 병신이라 놀렸던 놈들에게 돌덩이 같은 오른쪽 주먹맛을 톡톡히 보여주곤 했다. 하지만 운동부 선배에게 그럴 순 없는 노릇이었다. 당장 운동을 때려치울 생각이 아니라면 아무리 억울하고 분통이 터져도 이를 악물고 참아내는 수밖에 없었다.

 훈련 도중에도 선배들로부터 갖은 견제를 당했다. 훈련을 시작하고 첫 10분 동안은 스트레칭으로 몸을 풀어준다. 그런 다음 3학년, 2학년, 1학년 순으로 줄을 맞춰 천천히 운동장을 도는데, 이때 번번이 앞으로 튀어나온다고 선배들로부터 매번 매를 맞았다. 선배들이 싫어한다는 걸 알면서도 나는 도저히 천천히 뛸 수가 없었다. 이미 몸이 풀려 슬슬 달리기가 지겨운데 어쩌란 말인가. 빨리 뛰고 싶어 온몸이 근질거리는데 말이다.

 아무튼 나는 이런저런 이유로 선배들에게 맞기도 많이 맞고 기합도 많이 받았다. 선배들이 시키는 대로 소위 원산폭격이라는 기합을 받으면서 나는 생각했다. 아무래도 선배들이 자존심이 상하는가 보다고 말이다. 그들도 내가 등장하기 전까지는 촉망받는 선수들이었다. 충청도 마라톤의 기둥이자 유망주라는 칭찬 속에서 주니어 대회를 석권하던 이들이었다. 그런데 판도 성치 않은 내가 그들보다 더 좋은 기록을 세우고, 나가는 대회마다 1위를 차지하니 기가 막힐 노릇이었을 게다. 그들이 툭하면 내게 내뱉는 '팔 병신'이라는 말은 사실 열등감의 다른 표현이리라.

　혼자 제멋대로 이렇게 단정 짓노라면 분한 마음이 어느 정도는 풀리는 것 같았다. 시멘트 바닥에 머리를 박은 채 나는 이런 생각을 하면서 한 시간을 간신히 버텨냈다. 마침내 기합이 끝나고 머리를 만져보면 시멘트 바닥과 맞닿았던 두피 부분이 벗겨져 너덜너덜해지고 피가 흥건했다. 중심을 잡느라 내내 힘을 주고 있던 턱과 목은 꼭 남의 것인 양 감각이 없고 얼얼했다. 내 고교 시절은 기합과 매의 반복 속에서 천천히 흘러가고 있었다.

맞다 죽더라도 운동은 못 그만둡니다!

사건이 터진 건 고2 여름방학 때였다. 졸업해 실업팀에 몸담고 있던 선배가 후배들을 격려한다고 학교 육상부 기숙사에 찾아왔다. 예전에 지각을 한 번 했다고 나를 때리면서 팔 병신은 운동하면 안 된다고 했던, 바로 그 선배였다. 공교롭게도 그 선배가 오던 날, 나는 또다시 오후 훈련에 지각을 하고 말았다. 지금 생각하면 참 운도 지독하게 없었다.

"홍열이, 너 뺀질대는 건 여전하구나? 요즘 기록 잘 나온다며? 그렇게 밥 먹듯 지각을 하면서도 기록은 잘 나오니까 온 세상이 네 것 같지? 이 건방진 새끼. 넌 그래봤자 팔 병신이야. 엎드려뻗쳐."

한쪽 입 꼬리를 올린 채 빙글빙글 웃던 선배는 3학년 선배 셋을 호출했다. 그리고 그들 손에 마대자루를 쥐어주었다.

"니들, 오늘 쟤 버릇, 단단히 고쳐놔. 알아들어?"

3학년 선배 하나가 머뭇머뭇 하면서 손에 마대자루를 들었다. 졸업 선배의 눈치를 보며 내 엉덩이를 때리는데, 누가 봐도 봐주는 티가 역력했다. 그러자 졸업 선배가 3학년 선배의 손에서 마대자루를 빼앗아 들더니, 그 선배의 엉덩이를 무섭게 때리는 것이었다. 이쯤 되자 고3 선배들은 내 사정을 봐줄 수 없게 되었다. 자기들이 맞지 않으려면 나를 제대로 패야 하는 상황이 된 것이다. 그때부터 선배들 셋이 돌아가면서 나를 죽자고 때리는 체벌 아닌 제벌이 시작되었다. 용의주도한 졸업 선배는 내 신음 소리가 밖으로 새나가지 않게 입에 재갈까지 물렸다.

"이홍열, 당장 운동 때려치운다고 약속하면 몽둥이찜질은 그만둘 거야. 하지만 그게 아니면 넌 오늘 엉덩이 쉰 대 맞고 초상 치를 줄 알아."

처음엔 오기로 견뎠다. 그놈의 지긋지긋한 '팔 병신' 소리, 중학교 때부터 귀에 못이 박히도록 들어 이젠 아무렇지도 않다, 너희들이 나를 어떻게 부르던 나는 운동을 절대 그만둘 수 없다고……. 그런데 매가 열 대, 스무 대 이어지자 고통이 너무 심해 견딜 수가 없었다. 나도 모르게 눈물콧물이 쏟아지고 재갈을 물린 입에서 신음이 새어 나왔다.

당시 내가 매를 맞던 장소는 육상부 감독님이 살림을 사시던 사옥의 옥상이었다. 심상치 않은 소리가 살림집에까지 전해졌는지 사모님께서 옥상 철문을 두드리시면서 "너희들 거기서 뭐해?" 하고 소리치셨다. 선배들이 몽둥이찜질을 멈추고 잠시 숨을 죽였다. 사모님은 몇 번 더 문을 두드리시더니 인기척이 없자 그냥 돌아가셨다. 운동부에서 규율을 잡는다는 명목으로 선후배 체벌이 심심찮게 행해지고 있다는 걸 잘 알고 계셨기 때문에 사모님도 으레 그러려니 하셨던 것이다. 사모님의 발소리가 멀어지자 또다시 지옥 같은 매질이 시작되었다. 선배 하나가 때리다 때리다 지치면 다른 선배가 바통을 이어받아 때렸다. 엉덩이는 이미 만신창이가 되어 감각이 없었고, 팔이 후들후들 떨려왔다. 그러다 까무룩 정신을 잃은 내게 선배들은 찬물을 퍼부었다. 내가 가까스로 정신을 차리면 또 매질을 해댔다. 졸업 선배가 주변을 어슬렁거리면서 낮은 소리로 말했다.

"그러다 죽는다. 한마디만 해라. 운동 다시는 안 한다고. 그럼 안 때린다."

불합리했다. 너무도 불합리했다. 그는 내 경쟁자가 아니었다. 그는 성인이었고 실업팀 선수였다. 나는 미성년자에 주니어 선수였다. 그런 나를 그가 왜 이리 죽자고 미워하는지 이해할 수 없었다. 단지 내가 장애인이기 때문에? 장애인이 운동 잘하는 게 아니꼽고 배가 아파서? 나는 지금 왜 이런 말도 안 되는 고생을 하고 있을까. 그만두고 싶다. 운동이고 뭐고 다 그만두고, 고향에 내려가 어머니 곁에서 과수원 일이나 돕고 싶다.

매에는 장사 없다고, 너무도 극심한 육체적 고통 앞에서 내 마음은 조금씩 흔들리고 있었다. 하지만 정작 내 입에서 나온 소리는 "못 그만둡니다. 운동 계속할 겁니다!"였다.

그들은 모른다. 내가 장애를 가진 몸으로 얼마나 끔찍하게 노력해서 그 자리에 있게 되었는지. 그들보다 한 시간 먼저 훈련하고, 한 시간 늦게 훈련을 마쳤다. 비대칭인 양팔의 균형을 맞추기 위해 내가 얼마나 힘들게 연습했는지, 성치 않은 몸으로 무슨 운동이냐며 만류하시던 아버지를 얼마나 어렵게 설득했는지 그들은 모른다. 여기서 포기할 수 없었다. 그동안 피눈물 흘린 것이 아까워서 절대 그만둘 수 없었다. 장애인은 운동하면 안 된다는 편견에 무릎을 꿇기도 싫었다. 차라리 선배들에게 맞아 죽을지언정 내 입으로 그만둔다고, 포기한다고 말할 수는 없었다.

그 후로 얼마나 더 시간이 흘렀을까. 마침내 선배 하나가 마대자루를 바닥에 내던졌다. 매 50대를 다 때린 것이다. 돌아가면서 나를 때렸던 선배 셋은 숨을 헉헉 몰아쉬고 있었다. 나는 독기 어린 얼굴로 천천히 일어섰다. 서 있기는커녕 눈조차 뜨고 있기 힘들었지만 최대한 정신을 차리려 애쓰면서 졸업 선배를 바라보았다. 선배가 황당하다는 얼굴로 나를 보더니 말했다.

"독한 새끼."

그 한마디를 신호로 나는 바닥에 쓰러졌다. 내가 이겼다. 선배를 이겼고, 흔들리던 나 자신을 이겼다.

편견을 뛰어넘을 튼튼한 다리와 심장을 갖자

가까스로 손을 들어 엉덩이 쪽을 만져보았다. 바지가 피에 젖어 흥건했다. 바지 안에 손을 넣어보니 엉덩이 살이 다 터져 너덜너덜해진 상태였다. 나는 동기들의 부축을 받아 자취방으로 돌아왔다. 병원에 갈 형편도 되지 않았고, 그럴 시간도 없었다. 그 다음날 훈련에 빠질 수 없었기 때문이다. 집에 있는 약이라고는 소위 '빨간약'이 전부였다. 엉덩이를 내리고 빨간약을 바르니 마치 불이라도 붙은 것처럼 극렬한 통증이 엄습했다. 앉지도 못하고 똑바로 눕지도 못하는 터라 엎드려 누운 상태로 끙끙 앓았다. 물 한 모금 먹지 못했지만 배가 고픈 줄도 몰랐다.

이튿날, 만신창이가 된 몸으로 훈련에 나갔다. 선배들이 나를 보고는 귀신이라도 본 듯 깜짝 놀랐다. 내가 훈련에 나올 수 있으리라 생각하지 못했던 것이다. 감독님은 내 엉거주춤한 자세로 간밤에 있었던 일을 짐작하신 듯했지만 내색하지 않으셨다. 신후배 사이에는 나름의 규율이 존재하고, 그것은 선생님도 어쩌지 못한다고 생각하셨을 게다. 선생님 역시 그런 고교 시절을 보냈기 때문이다.

그날도 평상시와 다름없는 강훈련을 받고 집으로 돌아왔다. 그리고 밤부터 심한 몸살을 앓기 시작해서 결국엔 이튿날부터 며칠 동안 학교에 나갈 수 없었다. 학교에 가기 위해 독한 마음으로 몇 번이나 문지방을 넘었지만 그때마다 다리가 후들거려 그 자리에 쓰러지고 말았다. 아무도 돌봐주는 이 없는 손바닥만한 자취방에서 만신창이가 되어 정신을 놓았다 차렸다 하는 상태로 열흘을 앓았다. 정신이 들 때마다 서러워서 눈물이 났다. 그렇다고 자기연민에만 빠져 있을 순 없었다. 힘겹게 일어나 쌀을 안치고, 밥이 다 지어지면 김 한 장과 함께 꾸역꾸역 입으로 밀어 넣었다.

그날 내가 맞은 50대는 매가 아니라 편견이었다. 그래, 장애인이라 매를 맞아야 한다면 다 맞아주마. 50대 아니라 100대라도 맞아줄 것이다. 그렇지만 장애인이라는 이유로 정상의 자리에서 물러서지는 않겠다. 나를 팔 병신이라 부르고 기합을 주고 때릴 수는 있어도 너희들은 나를 이기지 못할 것이다. 트랙 위에서 너희들은 언제나 내 등만 보게 될 것이다. 짧고 가는 내 왼팔이 힘차게 앞뒤로 흔들거리면서 결승 테이프를 끊는 걸 지켜보게 해주마.

장애인을 향한, 보이지 않는 단단한 벽을 뛰어넘기 위해 나는 자신을 단련하고 또 단련하며 살아왔다. "장애인이니까 그 정도밖에 못한다." 또는 "장애인이니까 그 정도로 됐다."는 소리를 듣지 않기 위해 지독할 정도로 노력하며 지금까지 왔다. 장애인에 대한 편견의 벽에 부딪히지 않으려면, 장애인이라는 꼬리표 때문에 못하는 일이 없으려면 실력을 갖추어야 한다는 사실을 난 일찍부터 깨닫고 있었다.

팔이 불편한 내게 필요한 건 누구보다도 빠르고 강한 다리와 튼튼한 심장이었다. 그리고 그러기 위해 내가 할 수 있는 것은 훈련밖에 없었다. 앓아누운 지 열흘째, 몸이 어느 정도 회복되자마자 엉덩이에 빨간약을 한 번 더 바르고, 여느 때처럼 김 한 장에 밥 한 공기를 먹고는 운동장으로 향했다.

그들은 내게 '편견 50대'를 때렸지만, 내 꿈을 꺾진 못했다. 그들에게 그 사실을 분명히 보여주는 것이야말로 바로 내가 선택할 수 있는 가장 확실한 복수의 방법이었다.

인생에 공짜 선물은 없다

경기를 하루 앞두고 토사곽란을 일으키다

고교 졸업 후 모 선배의 권유로 잠시 실업팀에 몸을 담은 적이 있다. 하지만 거긴 생각과는 너무도 다른 세계였다. 제대로 된 훈련도 받지 못한 채 연달아 대회에 출전하면서 '달리는 기계'로 몸을 혹사시켰다. 부상을 당해도 쉬기는커녕 정해진 일정대로 대회에 참가해야만 했다. 그런 생활을 견디다 못한 나는 실업팀을 그만두고 대학에 진학하기로 했다. 고등학교 감독님이 경희대학교 출신이라, 두 번 생각하지 않고 경희대학교에 입학했다. 대학생이 된 후에도 몇 번의 부상과 슬럼프가 찾아왔지만, 대학교 2학년 때 해밀턴국제마라톤대회에 출전해 우승을 차지하면서 컨디션이 상승세를 그리기 시작했다. 마라톤을 하는 내내 비가 왔는데도 2시간 17분대의 기록을 세웠으니 다음 대회에서는 한국 기록을 충분히 깰 수 있으리라 기대하는 사람들이 많았다.

당시의 한국 마라톤은 자그마치 10년 동안이나 신기록이 나오지 않는 정체기를 겪고 있었다. 문홍주 선수가 2시간 16분 17초라는 기록을 세운 지 10년이 넘었건만 그 기록을 깨는 자가 나오지 않았다. 그래서 당시는 누가 '마의 15분' 벽을 넘을 것인가에 모두의 이목이 집중된 때였다. 마침 이동찬 코오롱 명예회장이 2시간 15분의 벽을 깨는 선수에게 5천만 원, 10분의 벽을 깨는 선수에게는 1억 원의 포상금을 지급하겠다는 발표까지 하는 바람에 마라톤 한국 신기록에 대한 기대는 더욱 후끈하게 달아올랐다. 당연히 선수들도 신기록을 깨기 위해 이를 갈면서 훈련에 매진하고 있었.

이런 분위기 속에서 대학교 3학년을 맞은 나는 시합을 하루 앞두고 훈련에 매진하고 있었다. 산길 훈련을 마치고 천천히 몸을 풀며 비탈길을 내려오는데, 동료가 갑자기 앗! 하고 소리를 질렀다. 동료가 가리키는 곳을 보니 꽤 굵은 뱀 한 마리가 꿈틀거리고 있었다. 사실 나는 뱀이라면 치가 떨리는 사람이다. 실업팀에 있을 때 매일 아침마다 몸보신을 하라며 뱀을 억지로 먹이는 바람에 곤욕을 치렀다. 그런데 일이 꼬이려고 그랬을까. 그날은 이상하게도 오랜만에 뱀이나 먹고 원기회복을 하자는 생각이 들었다. 그래서 동료와 함께 뱀을 잡아 껍질을 벗긴 다음 산을 내려와 동네 슈퍼에서 화덕을 빌려 불 위에 노릇노릇하게 구웠다. 슈퍼 주인아주머니가 놀랄까봐 뱀이라고는 차마 말을 못하고 장어라고 거짓말을 했다. 그렇게 동료와 함께 사이좋게 뱀 구이를 나눠 먹고 훈련을 마쳤는데, 그날 밤에 사달이 났다. 열 나고 토하고 설사하고 그야말로 토사곽란을 일으킨 것이다. 결국 시합을 몇 시간 앞둔 새벽, 구급차에 실려 응급실에 가는 신세가 되고 말았다. 병원에서는 급성 식중독이라고 했다. 낮에 먹은 뱀이 화근이 된 것이다.

응급처치를 하고 숙소에 돌아온 나는 고민에 빠졌다. 구토와 설사가 완전히 멎지 않은데다 밤새 화장실을 들락거리고 응급실까지 오가느라 두 시간도 못 잔 상태였다. 이런 컨디션으로 과연 경기에 나갈 수 있을까. 포기하자니 아들이 뛰는 걸 보시겠다고 시골에서 올라오신 부모님께 면목이 없고, 그냥 뛰자니 마라톤 도중에 토사곽란을 일으킬 판이었다. 당시 나를 지도하시던 이경환 감독님께 간밤의 일을 말씀드렸더니 대회만큼은 꼭 출전해야 한다고 딱 잘라 말씀하셨다.

"국내 최대 대회다. 국내 1위인 네가 빠지면 재미가 있겠냐. 게다가 마라톤선수가 시작도 안 해보고 기권하겠다는 긴 정신이 글러먹은 거야. 쓰러지는 한이 있더라도 일단 뛰어. 뛰어보고 정 못하겠으면 그때 기권해."

감독님 말씀을 어길 수는 없어서 "네, 알겠습니다." 하고 돌아서긴 했지만, 마음은 돌덩이가 들어찬 듯 무겁기만 했다. 나는 부모님이 계신 숙소로 찾아갔다. 부모님께선 행여 큰 대회를 앞둔 아들한테 방해가 될까봐 숙소에서 얼마 떨어진 여관방에 묵고 계셨다. 부모님께 오늘 경기는 큰 기대 마시라고 말씀드렸다. 감독님이 꼭 출전을 권하시니 뛰긴 하는데 컨디션이 좋지 않아 우승은 힘들 거라고 말이다. 부모님께서는 짐짓 아무렇지도 않으신 듯 말씀하셨다.

"그랴, 매번 일등만 할 수야 있간. 괜찮여."

말씀은 그렇게 하셔도 얼마나 서운하실지 잘 아는 나는 부모님 얼굴을 오래 마주할 수가 없어 이내 자리를 떴다.

'마의 15분' 기록을 깬 영광의 동아마라톤대회

그날의 대회는 잠실 종합운동장에서 출발해 성남 정신문화연구원(현 한국학중앙연구원)까지 왕복하는 코스였다. 평소 같았으면 가장 앞줄에 자리를 잡았을 텐데, 그날만큼은 컨디션도 좋질 않고 왠지 위축된 기분이 들어 다섯 번째에 섰다. 출발 신호가 떨어지고 선수들이 달리기 시작하자, 나는 속도를 올리지 않고 중간 그룹에 끼어 천천히 달렸다. 이 역시 평상시 나의 페이스와는 사뭇 달랐다. 초반에 날쌔게 앞으로 튀어나가 자신 있게 달리는 것이 내 스타일인데 말이다.

그런데 참 신기한 일이었다. 대회 직전까지만 해도 속이 더부룩하고 금방이라도 설사가 쏟아질 듯 아랫배가 요동쳤는데, 막상 뛰기 시작하니 점차 마음이 가라앉으면서 속도 편안해졌다. 역시 나는 마라톤선수인가 보다. 죽을 만큼 아프고 힘들어도 마라톤만 시작하면 말짱해지는, 천생 마라톤선수. 그래도 방금 전까지 토하고 설사한 몸이니 속도를 내지 않고 편안하게 달리기로 했다.

코스는 어느덧 정신문화연구원 쪽 언덕으로 이어지고 있었다. 내가 또 언덕 오르기가 주특기다. 남들이 상체 훈련할 때도 오로지 하체 훈련에만 집중해서인지 오르막길을 월등하게 잘 뛴다. 그때부터 다른 선수들이 조금씩 내 뒤로 쳐지기 시작했다. 달리면서 앞 선수 등판을 가만히 보니 자세가 흐트러진 게 지친 기색이 역력했다. 그래서 의도적으로 그 선수를 앞서거니 뒤서거니 해보았더니 나를 따라잡으려다가 제풀에 지쳐 뒤로 쳐졌다. 그런 식으로 계속해서 선수들을 제치고 앞으로 나가다보니 어느새 선두 그룹에 속하게 됐다.

그쯤 되었을 때 내 컨디션은 거의 완벽해졌다. 아프던 배도 말짱해졌고 절반 정도 달렸는데도 이제 막 출발선에 선 것처럼 기운이 넘쳤다. 아무래도 전반에 앞으로 튀어나오지 않고 뒤에서 달려 에너지가 덜 소비된 것 같았다. 뒤에 달리는 사람과 앞에서 달리는 사람이 동일한 실력을 가졌다고 할 때, 뒤에서 달리는 사람이 힘이 덜 들기 마련이다. 레이스가 3분의 2 정도 진행되자, 어느새 나는 최홍락 선수와 1, 2위를 다투며 달리고 있었다. 그리고 마침내 레이스를 2,195km 남겨놓은 시점, 시계를 본 나는 깜짝 놀랐다. 맙소사. 이대로만 간다면 '마의 15분' 벽을 깨게 생겼다. 전혀 기대하지 못했던 결과에 내 심장은 터질 듯 뛰고 아드레날린이 폭발적으로 분비되었다. 어디선가 나타난 감독님이 소리치셨다.

"야 인마, 한국 기록은 떼놓은 당상이야. 15분대도 깰 수 있겠어. 달려!"

앞서거니 뒤서거니 달리던 최홍락 선수도 그 소리를 듣고 정신이 번쩍 들었는지 막판 스퍼트를 올리기 시작했다. 나 역시 질 수 없었다. 앞으로 치고 달리다 옆으로 빠졌다가 완급을 조절해가면서 서서히 속력을 내기 시작해서 마침내 결승점이 얼마 남지 않았을 때 최대 스피드를 올렸다. 무려 100미터를 13초에 주파할 만한 속도였으니 마라톤이 아니라 전력질주였던 셈이다. 그렇게 해서 나는 1위로 결승점에 들어왔고, 2시간 14분 58초 86이라는 기록을 세웠다. 10여년 만에 '마의 15분' 벽을 뛰어넘고 한국 신기록을 세운 것이다. 그 대회가 바로 오늘날의 이홍열을 있게 한, 1984년 제55회 동아마라톤대회였다.

시험에 통과한 자만이 잡는 일생일대의 기회

그런데 참으로 아이러니한 일이다. 동아마라톤대회, 그 일생일대의 영광스런 현장에 부모님이 함께 하시질 못한 것이다. 어느 때부턴가 부모님은 내가 마라톤을 뛸 때마다 늘 결승 지점에서 나를 기다리곤 하셨다. 우승을 하면 하는 대로, 못하면 못하는 대로 결승점을 통과하는 나를 부둥켜안으시고는 감격의 눈물을 흘리시던 분들이었다. 그런데 누구보다 기뻐해주실 두 분이 안 계시니 어리둥절한 일이었다. 게다가 다른 때도 아니고 '마의 15분' 벽을 깨뜨린, 이 역사적인 순간에 말이다.

  나중에 알고 보니 부모님은 아예 경기장에 오시지도 않았다. 내가 이번 경기는 자신이 없다고 말씀드리자 행여나 자식에게 부담을 줄까 싶어 아예 안 오셨다는 것이다. 내가 '마의 15분' 벽을 깨고 감격스러운 순간을 만끽하고 있을 때, 우리 아버지는 근처 포장마차에서 낮술을 하고 계셨다고 한다. 술잔을 기울이시며 "이눔이 배는 얼매나 아플 기여. 속은 또 어떨 기여." 하고 한숨을 쉬고 계셨을 것이다. 그러다 라디오를 듣던 누군가가 "아이고, 한국 신기록이래네, 신기록! 이홍열이가 15분 벽을 깨고 신기록을 세웠다네요!" 하고 소리치자 눈을 끔뻑거리시면서 '벌써 술에 취한 겨, 아니면 도깨비헌티 홀린 겨' 하셨단다. 그리고는 잠시 후 벌떡 일어나셔선 "내가 그 이홍열이 애비 되는 사람이네, 내가 그 눔 애비여!" 하시면서 포장마차를 뛰쳐나오셨다고 한다. 아마도 그 자리에 있던 사람들은 우리 아버지더러 노망이 났다 했을 것이다.

'마의 15분' 벽을 깬 이튿날 새벽, 나도 모르게 눈이 번쩍 떠졌다. 워낙 새벽 훈련에 익숙한 몸이라 평소에도 일찍 일어나긴 했지만 그날은 새벽 4시에 일어났다. 큰 대회를 끝낸 만큼 훈련이 없는 날이었다. 그러나 도무지 더 누워 있을 수가 없었다. 전날의 흥분이 채 가시지 않은 몸이 자꾸만 일어나서 뛰고 싶다고 안달을 했기 때문이다. 나는 고단한 줄도 모르고 운동화 끈을 매고 밖으로 뛰어 나왔다. 아직 어슴푸레한 새벽이었다. 거리는 고요히 잠들어 있었고 아침 장사를 준비하는 가겟집 몇 곳만 전구를 밝히고 있었다. 가게를 지나며 무심코 신문 가판대 쪽을 바라본 나는 깜짝 놀랐다. 가판대에 꽂힌 신문 1면마다 내 이름과 사진으로 도배가 되어 있었다.

'신예 이홍열, 한국 마라톤 마의 15분 벽 깨다'

'동아마라톤대회서 마의 15분 벽 깬 이홍열, 5천만 원 상금의 주인공 되다'

그동안 크고 작은 대회에서 우승을 하면서 간간이 신문에 얼굴이 실리곤 했지만 이렇게 대문짝만하게 1면 헤드라인을 장식한 적은 처음이었다. 보는 사람도 없는데 왠지 쑥스러워져 얼른 신문을 제자리에 꽂아두었다. 가슴이 뛰고 뺨도 화끈거렸다. 비로소 내가 대단한 일을 해냈다는 실감이 왔다. 꿈을 꾸고 있는 건 아닐까, 불안해져 팔을 꼬집어보기도 했다.

　그날 낮에는 방송사 인터뷰가 있었다. 방송사로 가기 위해 전철을 탔는데, 우연인지는 몰라도 사람들이 죄다 내 얼굴이 박힌 신문을 읽고 있었다. 괜시리 부끄러워져 어쩔 줄 몰라 하고 있는데 누군가가 나를 알아보고 "어? 이홍열 선수 아니에요?" 하고 반색을 했다. 그러자 열심히 신문을 읽고 있던 사람들이 일제히 고개를 들고 내 쪽을 바라봤다. 너무나 놀란 나머지 "사람 잘못 보셨어요." 하고는 얼른 옆 칸으로 자리를 옮겼다. 하지만 그 칸에서도 상황은 마찬가지였다. 나를 알아본 사람들이 사인을 해달라며 몰려들었다. 사람 잘못 봤다며 옆 칸으로 옮기고 또 옮기고 결국에는 도망갈 데가 없어 전철에서 내려 택시를 잡았다.

　연예인도 아닌 내가 사인 공세에 시달리는 유명세를 치르게 될 줄은 꿈에도 몰랐다. 당시의 일은 당황스럽고 얼떨떨한 한편, 유쾌하고 즐거운 기억으로 내 머릿속에 남아 있다.

　돌아보면 84년 동아마라톤대회는 신이 내린 최고의 선물이었다. 신이 내게서 건강한 왼팔을 빼앗아간 대가로 동아마라톤대회에서의 신기록 갱신을 허락한 건 아닐까 하는 생각이 들 만큼 그 일은 내 일생에서 가장 커다란 행운이자 축복이다. 이전에도 나는 실력을 충분히 인정받는 선수였지만 내 이름 석 자 앞에는 언제나 '기대주', '유망주', '신예'라는 수식어가 붙었다. 그러나 그 대회 이후 나는 명실공히 누구나 인정하는 1인자가 되었다. 지금도 인터넷 검색창에 '이홍열'을 치면 1984년 동아마라톤대회에 관한 정보가 뜬다. 그만큼 사람들 뇌리에 동아마라톤대회에서의 한국 신기록 갱신이 강렬하게 남았다는 뜻이다. 게다가 이 대회의 우승으로 인해 84년 LA 올림픽 마라톤 출전 티켓을 손에 쥘 수 있었고, '마의 15분' 벽을 깸으로써 코오롱 명예회장의 포상금 5천만 원은 물론이고, 각계에서 아주 두둑한 후원금도 받았다. 그러니 내 일생일대 최고의 선물이자 행운이라 하는 것이다.

그런데 때로는 동아마라톤대회에서의 우승이 아주 짓궂은 선물이었다는 생각이 들기도 한다. 이왕 내게 올 선물이었다면 그냥 곱게 굴러 들어올 순 없었을까. 평소 뱀을 싫어하던 내가 어째서 뱀 구이를 다 먹으려 했을까. 그것도 시합 전날에 말이다. 뱀 구이를 먹고 토사곽란을 일으키는 바람에 하마터면 나는 대회에 나가지도 못할 뻔했다. 만일 그때 감독님이 꼭 나가야 한다고 완강하게 말씀하시지 않았다면? 생각만 해도 등에 식은땀이 흐른다. 내가 또 다른 대회에서 기회를 잡을 수 있었으리라곤 누구도 장담할 수 없으니 말이다.

84년 동아마라톤대회에서의 경험을 통해 나는 인생의 그 무엇도 섣불리 포기해서는 안 된다는 걸 새삼 또 깨달았다. '다음에 기회가 있겠지', '이번에 포기한다고 큰일이야 나겠어?' 하는 것은 안일한 생각이다. 우리에게 지금 다가오고 있는 기회가 마지막일 수도 있다는 생각, 그 절실함과 간절함이 행운을 부르고 성공도 가져오는 법이다.

인생에 공짜 선물이란 없다. 포기하지 않고 끝까지 인생의 시험을 치른 자에게만 선물을 잡을 자격이 주어지는 것이리라.

세상이 내 뜻대로 안 될 때
기억해야 할
두 번째

착각 속에 살라
: 나를 발전시키는 긍정적 착각

• • •

　남의 눈엔 영화의 엑스트라 같은 사람도 자기 인생에선 주연이다. 그래서 사람들은 자신을 사랑한다. 그래야 살 수 있다.
　하지만 세상이 뜻대로 되지 않을 땐 자신을 사랑하기 어렵다. 거울 앞에 서면 세상에서 가장 초라하고 무능력하고 못난 사람이 보인다. 이럴 때 필요한 게 바로 착각이다. 내가 참 괜찮은 인간일 거란 착각, 능력과 가능성을 가진 인간일 거란 착각 말이다.
　내가 마라토너가 될 수 있었던 것도 이런 착각 때문이었다. 팔이 불편하면 다리로 할 수 있는 걸 하자, 달리기 하나는 정말 기똥차게 잘할 자신 있다, 하는 자신감 하나로 멋모르고 마라톤에 뛰어들었다. 그런데 나중에 운동역학을 공부하고 보니 그건 자신감이 아니라 착각이었다. 달리기는 결코 다리로만 하는 운동이 아니며, 양팔의 균형이 맞지 않으면 빨리 달리기 어렵다는 걸 뒤늦게 알았다. 하지만 열여

• • •

섯의 나는 튼튼한 다리 하나만 믿고 내가 그 누구보다 빨리 달릴 수 있을 거라 착각했다. 그리고 그 착각이 오늘날의 마라토너 이홍열을 만들었다.

사실 타인의 평가는 늘 냉혹하기만 하다. 그 몸으로, 그 얼굴로, 그 머리로, 그 학력으로 뭘 하겠냐고 비웃는다. 만일 지구상의 모든 인간들이 자신에 대한 이런 냉정한 평가를 믿었다면 무엇 하나 이룰 수 없었을 것이다. 하지만 다행히도 우리에겐 타인의 시선에 아랑곳하지 않고 자신을 긍정적으로 생각하는, 착각의 능력이 있다. 자신에 대한 긍정적 착각 덕분에 우리는 세상이 내 뜻대로 되지 않을지라도 좌절하지 않고 꿈을 꿀 수 있다. 난 뜻대로 안 되는 세상쯤 가뿐히 이겨내고 견딜 수 있는 사람이니까, 난 정말로 강하고 괜찮은 사람이니까……. 부디 당신도 이런 착각의 늪에 빠지길 바란다. 자신에 대한 긍정적 착각이 언젠가는 반드시 현실이 될 날이 올 테니 말이다.

착각을 해야 발전도 있다

버스보다 빨리 달리고 싶던 소년

연산중학교에 다니던 시절, 집에서 학교까지는 6km 거리였다. 친구들은 대부분 자전거로 통학했지만 나는 걸어서 다녔다. 걸으면 학교까지 한 시간 반, 뛰면 40분 정도 걸렸다.

그런데 비가 오는 날에는 사정이 달랐다. 자전거를 타거나 걸어서 학교까지 갈 상황이 아니기 때문에 거의 모든 전교생이 버스를 탔다. 그런데 이 버스라는 게 한 시간에 한 대꼴로 다닌다는 게 문제였다. 저 멀리 버스정류장을 향해 다가오는 버스를 보면 이미 빈자리는커녕 발 하나 디딜 공간도 없을 게 뻔했다. 말 그대로 창문 밖으로 사람이 튀어나올 판이었다. 그렇다고 속 편하게 다음 버스를 기다릴 처지도 못 됐다. 이 버스를 놓치면 한 시간 후에나 버스를 탈 수 있기 때문에 지각을 면치 못한다. 그야말로 죽기 살기로 이 버스를 타야만 하는 것이다. 이쯤 되면 버스정류장에서 기다리는 사람도, 이미 버스에 타고 있는 사람도 죽을 맛이다.

다른 친구들이 비장한 표정으로 정류장에 버스가 서기만을 기다리고 있을 때, 나는 한가로이 휘파람을 불며 다가오는 버스의 창가 쪽에 아는 얼굴이 있는지 찾아봤다. 마침내 버스가 서고 앞뒷문으로 버스에 타려는 사람과 이미 타 있는 사람의 비명과 욕설이 뒤섞이는 동안 나는 창가에 앉은 친구를 향해 냅다 내 가방을 던졌다.

"내 가방 좀 맡아줘."

그러고서는 비를 쫄딱 맞으며 무작정 달리기 시작했다. 뒤통수로 친구들과 어르신들이 외치는 소리가 들렸다.

"야, 너 학교까지 뛰려고?"

"아서라. 이 비 맞으면서 핵교까지 워찌 갈 겨?"

물론 버스가 다니는 길로 뛰면 칼 루이스의 속도로 뛴다 해도 지각을 못 면한다. 나는 여수고개를 넘어 지름길로 갈 생각이었다. 여수고개는 워낙 길이 험하고 우범지대라 대낮에도 찾는 사람이 거의 없었다. 그래도 저 만원버스를 타지 않고 지각도 안 하는 유일한 방법은 여수고개를 넘는 것뿐이었다.

장대같이 쏟아지는 비 때문에 앞이 잘 보이질 않았다. 교복은 이미 비와 흙탕물에 젖어 엉망이 된 지 오래고 운동화며 양말도 흠뻑 젖었다. 미끄러지고 자빠질 위기를 몇 번이나 넘기면서도 속도를 줄이지 않았다. 정말 우습게도 나는 마음속으로 버스와 경쟁을 하고 있었다. 버스보다 내가 먼저 학교에 도착해야지. 그래서 친구들을 깜짝 놀라게 해줘야지. 사실 그건 정말 즐거운 일이었다. 희뿌연 시야를 뚫고 규칙적으로 뛰는 내 심장박동을 들으면서 힘차게 다리를 움직이고 팔을 젓는 그 행동이 나는 그냥 마냥 좋았다. 그 순간의 기분을 어떻게 설명할 수 있을까. 뛰다 죽어도 좋다 싶은 그런 기분이라고 하면 이해가 될까?

그렇게 무념무상의 즐거움에 빠져 정신없이 달리다 보면 어느새 저 멀리 교문이 보였다. 버스가 도착했다면 정문이 아이들로 북적일 텐데, 아직 조용한 걸 보면 아직 버스는 오지 않은 것 같았다. 내가 이겼다! 나는 서둘러 숨을 고르고 버스가 도착하길 기다렸다. 곧이어 버스가 학교 정문 앞에 서고 아이들이 하나둘씩 입을 쩍 벌린 표정으로 내렸다. 내가 버스를 탄 자기들보다 먼저 도착한 것이 놀라운 모양이었다. 나는 짐짓 아무렇지도 않다는 듯 거드름을 피우며 친구에게서 가방을 찾아 들었다. 교복 모자를 벗었더니 머리에서 김이 모락모락 피어올랐다. 친구들이 웃으면서 농담을 걸었다.

"홍열이 머리 좀 봐. 호빵 쪄 먹어도 되겠다, 야."

그러면 나도 비에 쫄딱 젖은 꼴로 좋다고 친구들과 웃어댔다. 젖은 교복은 체온으로 말렸다. 쉬는 시간에는 어머니가 주신 차비로 매점에서 주전부리를 했다. 집에 가면 버스도 안 타고 비를 쫄딱 맞으며 뛰었다고 어머니께 혼뜨검이 나겠지만 그래도 차비를 아껴 먹는 간식은 꿀맛이었다.

지금 생각하면 참 무슨 배짱이었는지 모르겠다. 철부지 아이가 자신도 슈퍼맨처럼 날 수 있다고 착각하는 것과 같았을까. 나는 무턱대고 버스보다 내가 더 빠를 거라고 자신했다. 그리고 죽을힘을 다해 달려서 그것이 내 착각이 아님을 증명해 보였다.

버스보다 빨리 달릴 거란 착각이 현실이 되다

 버스와의 달리기 시합은 고등학교 시절에도 여전히 계속되었다. 아마도 고교 졸업을 얼마 앞둔 때였을 게다. 대한육상경기연맹에서 국가대표 선수들을 제주도로 전지훈련을 보냈다. 겨울이라 추워서 제대로 훈련을 못하니 따뜻한 곳에 가서 훈련을 하라는 뜻이었다. 촌놈이 처음으로 비행기를 타려니 어찌나 떨리던지, 비행기가 이륙하는 순간 나도 모르게 안전벨트를 풀고 좌석 밑으로 들어가 숨고 말았다. 스튜어디스는 당황해서 어쩔 줄 모르고 옆자리 승객들도 어이없는 눈길로 구경하고… 아무튼 이런 우여곡절 끝에 따뜻한 남쪽, 제주도에 도착했는데, 이게 웬일인가. 제주도에 바람이 많다더니 정말 그랬다. 바람이 어찌나 심한지 차라리 고향에서 훈련하는 게 더 나을 뻔 했다. 바람 때문에 운동장 모래가 날려 앞이 안 보이는 건 물론이고, 모래가 얼굴에 박혀서 상처가 날 정도였다.
 강한 바람에 부딪혀 몸은 앞으로 나가지도 않는데, 감독님은 그렇게 약해빠져 어디에 쓰느냐고 불같이 화를 내시지, 정말 이만저만 힘든 게 아니었다. 고된 훈련에 단련된 나도 제주도 훈련은 견디기 힘들 만큼 고생스러웠다. 난생 처음으로 '내가 왜 운동을 시작해서 이

생고생을 하나' 하는 생각이 들었다. 그렇다고 푸념만 늘어놓을 내가 아니었다. 제주도 바람에 익숙해지자 남들보다 더 많은 훈련을 하기 위해 이런저런 방법을 고안해냈다. 그 중 하나가 바로 한라산 등반이었다. 남들은 버스로 올라가는 길을 나는 뛰어 올라갔다. 그냥 뛰는 것도 아니고, 버스와 시합을 하면서 뛰었다.

　버스가 출발하면 나도 동시에 뛰기 시작했다. 물론 버스는 나보다 훨씬 빠를 수밖에 없다. 하지만 역전의 기회는 있다. 경사가 급해지면 사람들을 잔뜩 태운 대형버스는 속도를 못 낼 수밖에 없다. 바로 이 지점에서 내가 버스를 추월하는 것이다. 처음에는 버스를 따라 안간힘을 쓰며 달리는 나를 황당하다는 듯 바라보던 사람들도 언덕길에서 내가 버스와의 거리를 좁히면 점차 흥미진진한 눈길로 구경하기 시작했다. 그러다가 마침내 내가 버스를 추월해 앞서 달리면 다들 차창 밖으로 몸을 빼고 박수를 보내주었다. 승객들의 환호와 응원에 신바람이 나서 나는 더욱더 빨리 달렸다. 물론 내리막길에서 버스가 다시 속력을 내기 시작하니, 버스를 월등하게 앞서 달리긴 어려웠다. 그래도 열에 여섯 번 정도는 한라산 천백고지 버스 종점에 내가 먼저 도착했다. 숨이 턱에 닿고 절로 침이 뚝뚝 흐를 만큼 힘이 들어도 나보다 늦게 도착하는 버스를 보면 희열이 느껴졌다. 그 기분을 잊지 못해 제주도에 있는 내내 나는 버스와 달리기 시합을 계속했다.

착각하라! 그러면 성공할 것이다

사람들은 흔히 제 주제를 잘 알아야 한다고들 한다. 나보다 엄청 똑똑했을 소크라테스라는 철학자도 '너 자신을 알라'고 했으니 아마도 맞는 말일 게다. 어떤 일을 할 때 우선 자신을 냉철하게 파악하는 일은 매우 중요하다. 자신의 장단점을 알아야 얼마만큼의 목표를 설정할 것인가, 어떤 방법으로 그것을 달성할 것인가 하는 답이 나올 것이다. 특히 나와 같은 운동선수들은 더욱 그렇다. 자신의 체력과 약점, 달릴 때의 특징과 버릇 등을 잘 파악하고 훈련을 통해 개선해 나가야 좋은 성적을 기대할 수 있다.

그러나 가끔 나는 생각한다. 과연 자신을 그렇게 냉정하게 분석하고 파악하는 게 꼭 필요한 일일까. 만일 내가 스스로를 냉정하게 분석했다면, 그래서 양팔의 균형이 맞지 않는 내 몸으로는 남들보다 빠르게 달리기 힘들다는 걸 알았다면 내 인생은 지금과는 180도 달라졌을 것이다. 체육시간에 달리기도 싫어했을 테고, 내가 남들보다 비교적 몸이 날래다는 사실도 몰랐을 테고, 학교 대표로 달리기선수가 되는 일도 없었을 것이다. 그리고 운동선수는 절대 되려고 하지도 않았을 것이다. 하지만 나는 자신을 객관적으로 평가하고 냉정하게 들여다보기보단 꿈을 꾸었다. 한마디로 착각에 빠졌다는 말이다. 왼팔에 장애가 있어도 누구보다 빨리 달릴 수 있을 거라는 착각 속에 빠져 살았다. 그리고 그건 착각에 그치지 않았다. 현실이 되었다. 버스보다 빨리 달릴 수 있을 거라는 착각, 왼팔은 달리는 데 아무런 지장을 주지 않을 거라는 착각, 나는 대한민국 최고의 마라토너가 될 거라는 착각, 그것이 지금까지 나, 이홍열을 만든 원동력이었다.

   사람들은 누구나 조금씩은 착각에 빠져 산다. 남들이 나를 평가하는 것보다 아주 조금씩 자신을 과대평가하고 있다. 그렇다고 그게 나쁜 것만은 아닐 게다. 자신에 대한 긍정적인 착각, 자기 미래에 대한 대책 없는 낙관이 보다 나은 목표를 설정하게 하고, 그것을 향해 나아갈 용기를 주는 것이다. 그러니 마음껏 착각하며 살자. 나 자신이 아니면 세상 누가 나를 그리 잘났다고 생각해주겠는가.

나는 세상 누구보다 나를 믿는다

중학교 3학년, 진로에 대해 고민하다

우리 부모님은 내가 공부를 열심히 해서 대학에 가길 바라셨다. 자식이 대학에 가길 바라는 마음이야 모든 부모들이 같겠지만, 우리 부모님은 그런 열망이 유독 더 강하셨다. 팔이 온전치 않은 내가 무시당하지 않고 살려면 남들만큼 배워야 한다고 생각하신 것이다. 어려운 살림이지만 대학에만 간다면 어떻게든 학비는 대줄 수 있다고 하셨다.

나름 효자였던 나는 부모님의 소원을 들어드리고 싶었다. 중학교 1~2학년 땐 팔 병신이라 놀리는 놈들을 혼내주고 다니느라 공부를 멀리했지만, 3학년 때만이라도 바짝 공부하면 인문계 고등학교에 진학할 수 있을 거라 생각했다. 워낙 한다면 하는 악바리 성격이라, 성적 올리기도 그리 어려워 보이지 않았다.

중학교 3학년 여름, 학교 근처에 하숙방을 하나 얻었다. 통학하느라 시간 잡아먹지 말고 그 시간에 공부를 하라는 뜻에서 어머니가 큰 맘 먹고 얻어주신 방이었다. 그런데 그 공부라는 게 아무나 하는 게 아닌 모양이었다. 책 좀 보려고 하면 어찌나 잠이 쏟아지고 잡생각이 많아지는지, 엉덩이는 또 왜 그리 근질근질한지 책상 앞에 10분 이상 앉아 있기가 힘들었다. 생각다 못해 밧줄로 책상에 내 몸을 꽁꽁 동여맸다. 머리에는 띠까지 둘렀다. 졸리면 허벅지를 꼬집고 화장실에 가는 시간도 아껴가며 공부했더니 마침내 성적이 서서히 오르기 시작했다. 뒤에서 헤아리는 게 더 빨랐던 내 성적이 연합고사를 얼마 앞두고는 반에서 6등까지 껑충 뛰었다.

그런데 무슨 조화인지 모두의 기대와 달리 내 연합고사 점수는 형편없이 낮게 나왔다. 전기 인문계 고등학교는 가망 없고, 후기는 간신히 갈 수도 있는 점수였지만 썩 내키지가 않았다. 전기 고등학교에 가도 대학에 들어갈 둥 말 둥 한데 후기엔 가서 뭘 하랴, 생각했기 때문이다. 연합고사가 끝난 후 며칠 동안 방 안에 틀어박혀 이런저런 궁리를 했다. 공부는 영 그른 것 같고, 앞으로 나는 무얼 해야 할까. 내가 제일 잘하고 자신 있는 게 무얼까. 그러다 문득 달리기에 생각이 미쳤다. 그래, 내가 왜 진작 그 생각을 못했을까. 나는 자리에서 벌떡 일어나 앉았다.

  어릴 때부터 나는 몸이 날래기로 아주 유명했다. 아버지는 막걸리를 받아오라는 심부름을 유독 나한테만 시키셨다. 내가 제일 빨랐기 때문이었다. 형들은 신이 나서 막걸리 심부름을 하는 날 이해하지 못했다. 하지만 나는 뜀박질이라면 무조건 좋았다. 심부름이라도 좋았다. 리어카를 끌면서도 나는 뛰지 않고는 견디지 못했다. 리어카에 짐을 한가득 싣고 과수원 돌밭을 달리다가 리어카가 뒤집어지는 바람에 크게 다칠 뻔했던 적도 있지 않았는가. 그 일로 어머니께 호된 꾸지람을 들었지만 그래도 나는 리어카를 끌면서 또 뛰었다. 뛰지 않으면 좀이 쑤셔 견딜 수가 없었다. 초등학교 때는 잠깐 육상부에 들어가기도 했다. 대회가 있을 때만 모이고, 대회가 끝나면 해산하는 팀이었지만, 그래도 내가 항상 에이스였다. 중학교에 다닐 때에도 나의 달리기 실력은 유명했다. 막 중학교 입학하자마자 5km 달리기에서 최고로 잘 뛰는 3학년 선배를 제치고 전교생 중에서 1위를 했고, 그 이후 단 한 번도 일등 자리를 놓친 적이 없었다.

당시 달리기로 가장 유명한 학교는 대전의 대성고등학교였다. 그래, 달리기 하나로도 고등학교를 갈 수 있다! 마음을 굳히자 나는 곧바로 행동에 돌입했다.

막무가내로 찾아간 육상명문 대성고, 그리고 합격

그날로 중학교 교복을 입은 채 무작정 대성고등학교 교무실에 가서 육상부 선생님을 찾았다. 육상부 선생님이 나오시더니 교복을 입은 내 모습을 위아래로 훑어보셨다.

"날 왜 찾았냐?"

"이 학교에 입학하고 싶습니다. 테스트 받게 해주세요."

선생님이 요 맹랑한 녀석 봐라, 하는 표정으로 나를 보시더니 대뜸 물으셨다.

"너 상장 있어? 충청도에서 3등 안에 들어?"

당연히 상장은 없었다. 충청도에서 3등 안에 들 리도 없었다.

"아니요. 상장 없는데요."

내가 대답하자 선생님께서 갑자기 소리를 지르셨다.

"이 새끼가…. 너 여기가 어딘 줄 알아? 대한민국에서 1, 2, 3등 다 해먹는 데야."

그 순간 다급해진 나는 대책도 없이 이렇게 말했다.

"선생님, 사실은 상장 있습니다. 도에서 3등한 상장 있습니다."

"무슨 대회?"

"아, 그게 그러니까…. 너무 긴장해서 생각이 잘 안 납니다."

대체 무슨 배짱으로 그런 허무맹랑한 거짓말을 했을까. 지금 생각하면 참 기가 막힐 노릇이다. 선생님은 황당하다는 표정으로 나를 바라보셨다.

"선생님, 아무튼 테스트해보세요. 저, 달리기 하나는 정말 기똥차게 잘합니다."

선생님은 한동안 나를 빤히 바라보시더니 말씀하셨다.

"이따 두 시까지 충남여고 운동장으로 나와."

당시 대성고등학교는 운동장이 좁아서 바로 옆에 붙은 충남여고 대운동장을 함께 쓰고 있었다. 떨리는 마음으로 시간에 맞춰 운동장으로 나갔다. 운동부 선수들이 벌써 나와 준비운동을 하고 있었다. 다들 근사한 운동복에 육상화 차림이었다. 혼자서만 후줄근한 교복

바지에 생고무 밑창을 깐 까만 운동화를 신고 달리려니 어깨가 움츠러드는 기분이었다. 선생님이 나오시더니 내 차림새를 보고 한마디 하셨다.

"너, 운동복 안 갖고 왔냐?"

"네, 여기 온다고 너무 흥분해서 그만 깜빡 잊고 안 갖고 왔습니다."

한 번 거짓말을 시작하니 그 다음부터는 술술 잘도 나왔다.

"집에 있긴 있는 거냐?"

"네, 있습니다. 집에 있어요."

선생님은 고개를 몇 번 가로젓더니 대열로 들어가라고 손짓을 하셨다. 나는 교복 재킷과 모자를 벗어 스탠드에 두고 운동부원 사이를 비집고 들어갔다.

"자, 지금부터 운동장 열 바퀴를 돈다. 시~작!"

운동장 한 바퀴가 600m 정도 됐으니 총 6km를 뛰는 것이었다. 함께 뛴 운동부원들은 대략 스무 명 정도. 나중에 알고 보니 하나같이 쟁쟁한 녀석들이었다. 모두 운동장학생이었고, 그 중에는 전국 주니어 대회 1, 2, 3등 출신들도 있었다. 당시에는 정말 뭣도 모르고 달렸다. 오로지 이 학교에 입학하겠다는 일념으로 이를 악물고 정신없이 달리기만 했다. 폼이고 뭐고 내 알 바 아니고, 무조건 빨리 달려 선생님 눈에 들어야 한다는 생각뿐이었다. 하지만 이미 기본기가 탄탄한 녀석들을 따라붙기란 쉽지 않았다. 안간힘을 쓰고 달렸지만 다들 내 곁을 쏜살같이 스쳐 저만치 앞서 달려갔다. 운동장 열 바퀴를 채우고 결승점을 통과하면서 뒤를 돌아보니 다섯 명이 헐레벌떡 뛰어오는 게 보였다. 이보단 더 잘할 줄 알았는데. 오만상을 찌푸리며 숨을 헐떡이고 있는데 선생님이 다가오셨다.

"야, 너 운동 안 해봤지?"

이제 와 뭘 더 속일 수 있겠나. 선생님은 달리는 폼만 보시고도 내가 운동 초보자라는 걸 이미 알아채셨을 것이다.

"달려보니 어떠냐. 할 만해?"

나는 고개를 번쩍 들었다.

"네, 선생님. 너무 너무 즐겁고 좋습니다."

"그래? 너 소질 있더라. 합격이다!"

순간 내 귀를 의심했다. 단단히 혼꾸멍날 줄 알았는데 합격이라니, 내가 합격이라니!

"정식으로 배운 게 없으니까 아직은 엉망이지만, 보니까 근성도 있는 거 같고 뭣보다도 하려는 욕구가 있어서 좋다. 당장 짐 싸서 와라."

 꿈인지 생시인지 볼을 꼬집어보다가 황급히 선생님 앞에 무릎을 꿇고 머리를 조아렸다.

 "선생님, 감사합니다! 정말 감사합니다!"

달리기 안 시켜주면 차라리 중이나 될랍니다

 학교 문제가 해결되자 이제 부모님을 설득하는 일만 남았다. 대성고등학교에서 테스트를 받은 날 저녁, 부모님께 달리기를 하고 싶다고 말씀드렸다. 부모님은 펄쩍 뛰셨다. 몸도 성치 않은 놈이 어떻게 운동을 하냐는 것이었다.

 "아부지, 기억 안 나세요? 저 육상대회 나갔다 하면 1등만 했잖아요. 아부지가 못 사주시는 공책, 제가 달리기해서 죄다 받아왔잖아요. 저 달리기 잘해요. 육상부 선생님이 잘한다고, 오라고 했단 말이에요."

 "개갈 안 나는('신통치 않은') 소리 말어. 운동은 뭐 아무나 하는 줄 아남. 몸 성한 눔들두 어려운 게 운동인디."

도무지 말이 통하지 않았다. 나는 자리를 박차고 나와 이발소에 갔다. 그리고는 스님처럼 머리를 박박 밀어달라고 했다. 당시 친하게 지내던 괴짜 친구 녀석이 스님 밑에서 자랐는데, 스님도 아니면서 머리를 박박 밀고 다녔더랬다. 거기서 힌트를 얻어 스님이 되겠다고 부모님을 협박할 요량이었다. 효과는 금세 나타났다. 민머리로 마당에 들어서자마자 부모님은 내 꼴을 보고 기절초풍하셨다.

"운동 못하게 하시면 이 길로 그냥 산에 들어가 스님이나 될랍니다."

당시는 너무도 절실한 마음으로 한 일이었지만, 지금 생각하면 참 못할 짓이었다. 기가 막혀 아무 말도 못하시던 부모님은 아들이 스님이 되는 것보다는 낫다고 생각하셨는지 끝내 대성고 입학을 허락하셨다. 그때 환호성을 지르며 마당을 겅중겅중 뛰어다니는 나를 보시고 부모님은 얼마나 착잡해 하셨을까. 성치 않은 몸으로 왜 저리 힘든 길만 골라 가려 하는지, 부모님 눈에는 피눈물을 흘릴 만큼 힘들게 뻔히 보이는데 왜 저 놈은 보지 못하는지, 가슴을 뜯으며 안타까워 하셨을 게다.

부모님의 허락까지 떨어졌고, 이제 내 인생은 탄탄대로를 걸을 것만 같았다. 며칠 동안 가슴이 잔뜩 부풀어 지내는데, 학교 측에서 뜻밖의 연락이 왔다. 그해 운동장학생은 이미 선발이 다 끝났다는 것이었다.

"네? 그럼 전 어떻게 합니까?"

"그래서 말인데, 1년만 기다려 보는 건 어떨까. 내년에 입학하면 운동장학생으로 뽑아줄 수 있으니까."

"그건 안 됩니다. 절대 안 됩니다. 전 1년씩이나 못 기다려요. 올해 꼭 고등학교 갈 겁니다."

내가 강하게 버티자, 학교 측에서는 대성고의 자매학교인 청양농고에 운동장학생으로 입학했다가 전학하는 방법을 써보자고 제안했다. 편법이긴 했지만 나로서는 그 방법밖에 없었다.

대전으로 학교를 다니려니 방이 필요했다. 방은 미리 봐둔 것이 있었다. 학교 근처에 따닥따닥 붙은 판자촌이 있었는데, 사람들 말로는 6·25 때 난민들이 살던 동네라고 했다. 그곳의 부엌 딸린 작은 방 한 칸이면 될 것 같았다. 방세는 보증금 10만 원에 월세 5천 원이었다.

"아부지, 방만 하나 얻어주세요. 그리고 쌀하고 간장, 고추장만 주시면 나머지는 제가 다 알아서 할게요."

장학생이라 학비는 면제였고, 운동하느라 돈 쓸 시간도 없을 테니 용돈도 필요하지 않을 것 같았다. 5남1녀의 많은 자식들을 챙기느라 우리 집 살림에 여유가 없다는 건 잘 알고 있었기 때문에 빙 한 칸 얻어주시는 것만도 감지덕지한 일이었다.

그렇게 해서 육상선수로서의 내 인생이 본격적으로 시작되었다. 돌아보면 대성고등학교 육상 선생님을 찾아가 테스트 받은 일도, 머리 밀고 산에 들어가겠다고 협박해 부모님을 설득한 일도 참으로 황당하기만 하다. 어떻게 그리 맹랑한 생각을 다 했을까. 당시에는 팔에 장애가 있으니 그럼 달리기나 하자고 단순하게 생각했더랬다. 하지만 그건 정말 어리석고 비과학적인 생각이었다. 달리기는 다리가 아니라 팔로 한다는 말이 있다. 양팔은 신체를 빠르게 움직이게 하며 균형을 잡아 달리는 효과를 높여주기 때문에 상반신의 움직임이 아주 효율적이어야 한다. 특히 장거리 경기에서는 팔을 적절하게 움직이는 것이 무엇보다도 중요하다. 그런데 내 경우에는 두 팔의 균형을 맞추기 위해 다른 선수에 비해 왼팔을 더 심하게 흔들어야 한다. 오른팔을 앞뒤로 30° 흔든다면 왼팔은 35~40° 정도 흔들어야 비로소 몸의 균형이 맞았다. 그러니 그만큼 하반신에 부담이 갈 테고 결과적으로 속도가 둔해지기 쉬웠다. 마라톤을 하기에 절대로 적합한 신체 조건이 아니었다는 말이다.

그러나 그 시절의 나는 착각 속에 빠져 있었다. 내가 좋아하는 일이니 반드시 잘할 수 있을 거라고, 힘들고 고단한 것쯤은 거침없이 헤쳐나갈 수 있을 거라고 말이다. 그렇다고 나 자신에 대한 그 대책 없는 믿음과 낙관을 후회하는 것은 아니다. 내가 착각에 빠져 나 자신을 믿지 않았다면 아마도 지금의 이홍열은 없었을 게다. 훗날 제55회 동아마라톤대회에서 한국 신기록을 세울 수도, 84년 LA올림픽에 출전할 수도 없었을 것이다.

때로는 착각에 빠진 자에게 희망이 보이는 법이다. 착각 속에 빠져 살면서 내가 할 수 없는 걸 꿈꾸고, 닿을 수 없는 곳을 열망하다 보면 언젠가는 그것이 현실이 되기도 한다. 바로 내 경우처럼 말이다.

자신감 하나로 견딘 배고팠던 그 시절

가난하고 서러웠던 고교 운동부 시절

퍼뜩 눈을 뜨고 시계를 보니 새벽 4시 30분이었다. 몸에 알람시계라도 들어있는 것처럼 매일 정확히 4시 30분이면 눈이 떠졌다. 으스스 한기가 돌았다. 오줌도 마려웠다. 창밖은 아직 한밤중처럼 어두웠다. 전날 밤 말끔하게 개켜서 머리맡에 두었던 옷들을 어둠 속에서 더듬어 찾아 입었다. 그리고는 서둘러 운동화를 꿰차고 차가운 새벽 거리로 나섰다. 코끝과 귓불이 시리다 못해 아팠다. 아직 아무에게도 시작되지 않은 새벽, 나는 입김을 내뿜으며 홀로 학교까지 달렸다.

육상부 훈련 시작 시간은 새벽 5시 30분이었지만, 난 매일 새벽 5

시면 학교에 도착했다. 내가 그렇게 부지런을 떤 데는 남들보다 훈련을 더 많이 하려는 욕심 때문이기도 했지만 생리적인 문제를 해결하려는 이유도 있었다. 판자촌 자취방에는 화장실이 딸려 있지 않았다. 판자촌 사람들 모두가 화장실 하나를 공동으로 사용했기 때문에 아침이면 화장실 앞에 몇 미터나 되는 줄이 길게 이어졌다. 운 좋게 앞줄을 차지한다 해도 공용 화장실을 쓰는 건 정말 고역이었다. 그 수많은 사람들이 화장실 하나를 돌려쓴다고 생각해보라. 소변까지는 간신히 해결해도 대변을 볼 만큼의 긴 시간은 견디기 어렵다. 처음에는 몇날 며칠이고 대변을 참는 바람에 변비가 생기기도 했다. 그러다 고육지책으로 생각해낸 게 바로 학교 화장실이었다. 일어나자마자 곧바로 학교로 뛰어가 볼일을 보고 훈련을 시작하기로 한 것이다.

 급한 볼일을 해결하고 세수까지 마치면 그때부터 곧바로 근력훈련에 들어갔다. 다른 선수들은 상체 단련을 하기 위해 아령을 들었지만, 왼팔이 건강하지 못한 나에게는 그런 운동이 무리였다. 나처럼 팔이 불편한 선수를 코치한 경험이 없는 선생님이 나만을 위한 훈련 프로그램을 갖고 있을 리도 만무했다. 할 수 없이 나 스스로 나만을 위한 운동을 고안하는 수밖에 없었다. 무언가를 드는 훈련은 할 수 없으니까 문에 끈이나 수건 등을 달아서 잡아당기는 식으로 근력 운동을 했다.

운동부 훈련은 힘들었다. 필요한 운동용품을 장만하지 못해서 몸이 더 고단했다. 제대로 된 운동복, 운동화 하나 없었으니 겨울이라고 장갑이나 마스크가 있을 리 없었다. 다른 선수들은 모자에 장갑까지 중무장을 했는데, 나는 모자도 없이 목장갑만 하나 달랑 끼고 훈련에 들어갔다. 당시의 겨울이 얼마나 추웠는가 하면 달리면서 내뿜는 입김 때문에 눈썹에 고드름이 맺힐 정도였다. 그러니 목장갑 하나 달랑 낀 손은 꽁꽁 얼고 곱아서 이로 깨물어도 감각이 없을 정도였고, 매서운 바람에 그대로 노출된 귀에는 동상이 왔다.

그렇게 힘든 오전 훈련을 마치면 오후 훈련까지 잠깐 동안 짬이 있었다. 당시 대부분의 운동부원들은 수업에 아예 들어가질 않았다. 훈련 강도가 너무 세서 짬이 생기면 무조건 쉬어야 했다. 어차피 수업에 들어간대도 엎드려 자고 나오기 일쑤였다. 나 역시 오후 훈련까지 시간이 남으면 수업에 들어가지 않고 집에 돌아와 밥을 해먹었다.

그런데 추위에 손이 곱아 쌀을 씻기는커녕 푸기조차 힘들 때가 많았다. 간신히 쌀을 퍼 담고 찬물에 엉거주춤 손끝만 담가 대강 씻는 둥 마는 둥 하곤 연탄불 위에 올려놓았다. 그 다음에는 땀에 젖은 옷을 몽땅 벗고, 미리 방바닥에 깔아놓은 이불 속으로 쏙 들어가 몸을 녹였다. 까무룩 잠에 빠질락 말락 하고 있으면 부엌으로 난 문틈으로 밥 냄새가 솔솔 올라왔다. 그러면 얼른 옷을 주워 입고 부엌으로 나가 불을 줄이고 밥을 푸기 시작했다. 자취 생활 초기에는 연탄불에 밥을 한 경험이 없어 툭하면 삼층밥이 됐다. 그나마 밥이라도 잘 짓게 되니 살 만해졌다. 반찬은 소금을 잔뜩 친 달걀프라이 하나만 있으면 더할 나위 없는 진수성찬이었다. 달걀프라이 하나로 밥 한 공기를 다 먹어야 했기 때문에 간을 엄청 세게 했다. 달걀이 없는 날은 김 한 장을 연탄불에 구워 간장을 듬뿍 찍어 먹었다.

고향집에 가지 못해 쌀이 동났을 때는 별 수 없이 라면을 끓여 먹었다. 그런데 밥물은 맞춰도 이상하게 라면 물은 맞추는 게 어려웠다. 연탄불 세기도 잘못 맞추는 바람에 툭하면 물이 졸아 라면이 아니라 소금국이 되었다. 어떤 날은 아예 국물이 한 방울도 남지 않을 때도 있었다. 오후 훈련 시간이 빠듯해 라면을 다시 끓일 수는 없고, 그렇다고 라면에 찬물을 부어 먹을 수도 없는 노릇이라 그 짜디짠 걸 그냥 훌훌 입 속으로 들이붓고 운동장에 나가곤 했다. 그런 날은 누가 쥐어짜기라도 하는 것처럼 위가 아프고 설사를 주룩주룩 했다.

어떤 때는 깜빡 잠이 들어 밥도 먹지 못하고 운동장으로 뛰어나가야 했다. 자명종이라도 있었으면 좋으련만, 마스크 하나 못 사는 형편이니 꿈도 못 꿨다. 오후 훈련에 지각하면 선배들로부터 체벌이나 기합을 받았다. 어떤 선배들은 지각 자체만 야단치는 게 아니라 꼭 팔 병신이란 말을 들먹였다. 내가 장애인이라는 사실은 입학 첫날부터 알려졌다. 운동복을 입으니 별 수 없이 왼팔이 고스란히 드러났다. 하지만 선생님은 내 팔을 단 한 번도 문제 삼지 않으셨다. 내 기록이 신통치 않았으면 또 모를까, 늘 기대 이상이었기 때문이다. 하지만 선배들은 달랐다. 툭하면 "팔 병신 주제에 무슨 운동이냐!"며 신경을 건드렸다. 중학생 때 같았으면 당장 몸을 날려 혼쭐을 내주었을 텐데, 운동부에서 선배에게 대드는 건 상상도 못할 일이었다. 불합리하고 그릇된 그들의 시선을 그냥 묵묵히 견디는 수밖에 없었다.

나 잘났단 착각이 쌓이고 쌓이면 현실이 된다

오후 운동이 끝나고 다른 선수들이 귀가 준비를 할 무렵이면 나는 늘 누나네 집에 간다면서 운동장에 남았다. 시집을 간 누나가 마침

대전에 살고 있었기 때문이다. 그러나 선후배들이 학교를 다 빠져나간 후 내가 향한 곳은 누나 집이 아니라 버스정류장이었다. 다음 정류장까지는 경사진 언덕길이었는데, 거리가 약 600m 정도 됐다. 나는 그 거리를 매일 10회씩 왕복했다. 그러니까 오후 훈련도 다른 선수들보다 30분은 더한 셈이다.

먹는 건 부실한데 훈련 양은 이렇게 많으니 몸이 버텨낼 리 없었다. 어느 때부턴가 앉았다 일어서면 눈앞이 핑 돌고 나도 모르게 중심을 잃고 쓰러지곤 했다. 심지어 오줌에 피까지 섞여 나왔다. 누나가 보다 못해 나를 데리고 병원에 갔다. 병원에선 과로에 영양실조가 겹쳤다고 했다.

"누나, 엄니 아부지한텐 말하지 마. 쓸데없이 걱정하시니까."

하지만 사실은 운동 때려치우고 당장 고향 내려오라고 하실까봐 그게 더 걱정이었다. 그렇지 않아도 아버지는 내가 운동하는 게 영 마음에 안 드는 분이셨다. 그런데 운동하느라 몸까지 안 좋아졌다고 하면 어떤 말씀을 하실지 뻔했다.

"알았지? 누나야. 절대 말하면 안 된다. 알았지?"

누나는 마지못해 고개를 끄덕였다. 그러는 누나의 눈가가 촉촉하게 젖었다.

내가 가끔 포식을 하는 건 누나 집에서였다. 매형은 자전거포를 하고 있었는데 말이 자전거포지, 가게에 팔려고 내놓은 자전거는 두 대 뿐이고, 실은 자전거나 리어카 수리로 수입을 올렸다. 오전 훈련을 끝내고 누나 집에 가면 누나는 돼지고기를 볶아주었다. 자식들도 못 먹이는 돼지고기를 동생에게 먹이려고 내놓았다. 그러면 나는 나대로 괜시리 매형 눈치가 보여서 자전거 수리를 돕곤 했다. 눈썰미도 있고 손재주도 있어서 매형 어깨 너머로 주워 배운 기술만으로도 자전거를 곧잘 수리했다. 자전거 수리하느라 손톱 밑에 밴 기름때는 쉬 지워지지 않았다. 기름때가 지워질 만하면 누나 집에 가서 돼지고기를 얻어먹고 자전거를 수리했다. 운이 좋을 땐 매형이 용돈을 몇 푼 쥐어주기도 했다.

운동하느라 돈 쓸 시간이 없을 거라는 건 오산이었다. 워낙 훈련을 고되게 해서 운동화가 쉽게 닳았다. 두 달에 한 번 정도는 갈아줘야 했는데, 당시 운동선수들이 신는 운동화는 국산이 없고 대부분 일제라 가격이 아주 비쌌다. 선배 하나가 운동화 살 돈이 필요하면 함께 신문팔이를 하자고 했다. 신문 한 장을 15원에 떼와 30원에 파는 일이었다. 대전역에서 신문팔이를 하는데, 정말 창피해서 죽을 것 같았다.

"야, 아무한테나 무턱대고 사달라고 하지 말고 머리를 쓰란 말이야. 커플들한테 들이밀어. 처음엔 안 산다고 했다가도 끝까지 집요하게 졸라대면 남자가 여자 보기 민망해서라도 사줘."

선배한테 배운 대로 창피함을 무릅쓰고, 데이트하는 남자에게 집요하게 신문을 사라고 했다. 정말 효과가 있긴 있었다. 팔다 남은 신문은 반품할 수도 없었다. 대전역에서 팔다 신문이 남으면 다방에 들어가서 마저 팔았다. 이렇게 번 돈으로 운동화를 사는 날이면 너무 서러워서 눈물이 났다.

가끔은 돈이 똑 떨어져 라면 하나도 못 살 때가 있었다. 그러면 무턱대고 시장에 나갔다. 화물차에서 짐을 내리는 인부들 틈에 끼여 묵묵히 일을 해주면 인부들이 국밥도 사주고 푼돈도 쥐어주곤 했다. 그렇게 한 끼를 해결하고서 나는 또 훈련을 하기 위해 학교로 향했다.

만일 운동이 아니었다면 그 시절을, 배고프고 외롭고 힘들었던 그 시간들을 견뎌낼 수 없었을 것이다. 운동을 할 수 있었으니까, 내가 제일 잘하고 좋아하는 운동을 할 수 있었으니까 견뎠다. 그리고 무엇보다도 내겐 자신이 있었다. 남들 다 있는 값비싼 운동복과 운동화가

없어도, 마스크와 모자, 장갑이 없어도, 심지어 정상적인 왼팔이 없어도 나는 남들보다 더 잘 뛸 거라는 자신감. 그게 나를 버티게 했다. 지금 생각해도 어디서 그런 자신감이 솟아났는지 모르겠다. 확실히 근거 없는 자신감이긴 했다. 하지만 착각에 가까운 자신감이라도 그것이 모이고 모이면 자기 암시가 되고, 자기 암시는 노력으로 이어진다. 그리고 착각은 현실이 된다. 착각을 집요하게 밀어붙이면 언젠가는 정말 그런 순간이 온다. 어쩌면 내 삶은 그것을 온몸으로 증명하기 위한 시간들이었는지도 모르겠다.

세상을 온통 내 편으로 만드는 비결

힘겨운 시절을 함께 건넌 사람들

고등학교를 졸업할 즈음이 되자, 서울 소재의 내로라하는 대학교 총장님들이 나를 장학생으로 데려가겠다며 시골집으로 찾아오기 시작했다. 하지만 나는 쉽사리 마음을 정하지 못했다. 얼마 전부터 알고 지낸 한 선배 때문이었다. 고3 봄부터 학교에 자주 찾아와 나를 잘 챙겨주던 선배가 하나 있었다. 한국전력 실업팀에서 선수로 뛰고 있던 선배였는데, 고기도 사주고 용돈도 쥐어주고 이런저런 고민상담도 해주면서 나의 든든한 기둥 역할을 해주었다. 그 선배가 나더러 J 실업팀에 가자고 제안했다. 이번에 새로 만들어지는 육상팀인데, 나를 데려오면 감독직을 주겠다고 했다는 것이다. 선배는 부상을 당해 더 이상 선수로 뛸 수 없는 상태였다.

사실 우리 부모님은 내가 대학에 가길 바라셨다. 대학에서 공부도 더 하고 선수로 뛰다가 나중에는 교수가 되라는 게 부모님의 바람이셨다. 하지만 결국 나는 부모님 말씀을 어기고 선배를 따르기로 했다. 나를 유독 잘 챙겨주던 선배에 대한 고마움과 믿음도 있었고, 실업팀에 일찍 진출해 돈을 벌고 싶다는 생각도 있었다.

하지만 그건 나의 오산이었다. 지도자 경험이 없는 선배는 나를 제대로 코치하지 못했다. 무리한 훈련과 잦은 경기 출전으로 내 몸은 연신 부상에 시달렸다. 무릎 부상을 당했지만 제대로 치료도 받지 못한 채 진통제를 먹고 경기에 나갔다. 그러면서도 성적은 내내 1위였다. 하지만 나는 점점 지쳐갔다. 무언가 한참 잘못되어가고 있다는 생각이 들었다.

실업팀에 들어간 그해 가을, 나는 다시 대학에 가기로 결심했다. 그리고 그 이듬해 경희대학교에 입학했다. 하지만 경희대학교에도 나를 제대로 지도할 만한 분은 없었다. 코치도, 감독도 없이 지도교수님만 한 분 계셨는데, 그나마도 교양체육을 담당하시는 분이었다.

암담한 상황의 나를 구원해준 건 김번일 코치님(훗날 86 아시안게임 육상 여왕 임춘애 선수를 키우신)이었다. 김번일 코치님과 지금은 고인이 되신 백운영 감독님이 숙소도 스승도 없는 내게 당분간 제일제당 숙소에서 지내면서 선수들과 함께 훈련을 받으라고 허락해주신 것이다.

그렇게 제일제당 선수들과 한솥밥을 먹으며 훈련을 하는데, 경제적인 문제 때문에 굉장히 힘들었다. 실업팀 선수들은 월급이라도 받지, 나는 소득이 전혀 없는 상태라 필요한 운동용품도 장만하지 못한 채 힘겹게 훈련을 해갔다. 엎친 데 덮친 격으로 영양실조로 체력은 약해지고 인대까지 늘어나는 부상을 당했다.

그때 또 한 번 귀인이 나타났다. 제일제당 소속 선수들의 소개로, 생활이 어려운 운동선수들을 무료로 치료해주시는 파주한의원 이화숙 원장님을 만나게 된 것이다. 원장님은 나를 진찰하시고는 몸이 이 지경이 되도록 어떻게 참았느냐고 하시면서 무료로 치료를 해주시고 숙소까지 제공해주셨다.

"매일 치료를 받아야 하는데, 훈련하면서 한의원 올 짬이 나겠나. 마침 일정한 거처도 없다고 하니, 치료 끝날 때까지라도 우리 집에서 지내게. 빈 방은 많으니까."

그렇게 해서 제일제당 숙소를 나온 나는 새로운 훈련장소로 수원

종합운동장을 찾았다. 그리고 그곳에서 세 번째 은인을 만났다. 국가대표 마라톤선수를 은퇴하고 경기도육상연맹 임원으로 계시던 조재형 선배님이 선뜻 무료로 나를 지도해주기로 하신 것이다. 돈 한 푼 안 되는 일을 후배 양성하는 보람 하나로 하겠다고 하시니 정말 눈물이 날 만큼 감사했다.

선배님에 관한, 아직도 잊을 수 없는 에피소드가 하나 있다. 비가 장대같이 쏟아지는 날, 운동장을 돌며 훈련을 하고 있을 때였다. 선배님은 여느 감독과 달리 우산을 단 한순간도 쓰지 않고 나와 함께 그 비를 흠뻑 맞아가면서 묵묵히 초시계를 보고 서 계셨다. 얼마 전까지만 해도 현역에서 뛰던 분이라 누구보다 선수의 마음을 잘 헤아려 주셨던 것 같다. 이외에도 선배님께 감사한 순간은 많았다. 비가 오나 바람이 부나 언제나 나와 함께 계셔 주시던 분, 400m 트랙 경기장에서 풀코스마라톤 훈련을 할 때면 야쿠르트 50개를 사서 일일이 빨대를 꽂아 내게 건네시던 분, 내가 결승점을 통과하면 제일 먼저 달려와 안아주시고 내 다리를 주물러 근육을 풀어주시던 분, 그렇게 고맙고 감사한 분이 바로 조재형 선배님이었다.

생활고와 부상, 훈련 장소와 지도자의 부재 등 여러 악재 속에서도 내가 운동을 계속할 수 있었던 건 결국 사람 때문이었다. 아무런

대가를 바라지 않고, 그저 순수하게 나를 응원하고 격려해준 사람들, 세상을 원망하고 비관하지 않도록 곁에서 함께 걸어주고 웃어주던 그들 덕분에 나는 그 시절을 한 걸음, 한 걸음씩 포기하지 않고 뛰면서 건너올 수 있었다.

난데없는 물벼락을 맞고 어이없이 기권을 하다

그리고 마침내 마산전국체전이 열리는 날, 나는 수개월의 공백을 깨고 드디어 대중 앞에 모습을 드러냈다. 다들 내 선수로서의 생명은 끝났다고 떠들던 시기였다. 그들에게 아직 내가 건재함을 알리는 것이 이번 대회의 목표였다. 내 출전 종목은 1만 미터 단축마라톤과 풀코스마라톤이었다. 사실 1만 미터 정도를 뛰고 나면 며칠 동안은 휴식을 취해야 몸에 무리가 없다. 그런데 당시는 선수를 장기적인 안목으로 육성하려는 계획도, 선수를 배려하고 아끼는 풍토도 아예 존재하질 않는 때였다. 선수들은 소속팀에서 여러 종목을 연달아 뛰라면 두말 않고 뛰어야 했다. 나 역시 대학에서 풀코스까지 뛰길 바랐기 때문에 무리하게 두 종목에 출전해야 하는 처지였다. 1만 미터와 풀코스 둘 다 석권하고 경희대학교 이름을 드높이고 오라는 게 대학 측의 오더였다.

먼저 1만 미터 경기가 시작되었다. 400미터 트랙을 스물다섯 바퀴 도는 경기였다. 지금은 실업팀과 대학팀이 나뉘어 경기를 하고 메달도 각각 따지만, 당시에는 하나의 메달을 놓고 경쟁했다. 그 경기에서 나는 당당히 금메달을 목에 걸며 이홍열이 이빨 빠진 호랑이가 아니라는 사실을 증명해 보였다.

이틀 뒤 전국체전 마지막 날, 드디어 풀코스마라톤 경기가 열렸다. 출발 신호가 떨어지자마자 나는 앞으로 튀쳐나와 줄곧 1위 자리를 지키며 달렸다. 그날의 마라톤 코스는 지루할 정도로 길게 이어지는 직선 코스였는데, 나와 2위와의 격차가 2km 정도 벌어져 중계 카메라가 2위로 달리고 있는 선수를 잡지 못할 정도였다. 길고 짧은 건 대봐야 아는 것이지만 큰 이변이 없는 한, 누가 봐도 내가 1위를 할 만한 상황이었다. 그런데 그 이변이라는 게 일어나고야 말았다.

단거리 달리기의 경우에는 워낙 달리는 시간이 짧기도 하고, 매순간 치열하게 전략을 짜가며 달려야 하기 때문에 딴생각을 할 만한 여유가 없다. 그러나 마라톤의 경우는 다르다. 달리는 내내 이런저런 생각들이 머릿속에 떠올랐다 사라진다. 초반에는 물론 코스에 대해 사전 분석한 내용을 다시 한 번 떠올리면서 레이스를 어떻게 운영할 것인지 점검하며 달린다.

그러다 마라톤이 중반쯤 접어들면 그때부터는 수많은 생각들이 제멋대로 머릿속을 오간다. 어머니 생각도 나고, 어릴 때 일이 문득 떠오르기도 하고, 마라톤이 끝난 다음 하고 싶은 일, 먹고 싶은 음식이 생각나기도 한다. 몸에도 수많은 감각이 느껴졌다 사라지는데, 오르막 코스에서 불어오는 선선한 바람 같은 기분 좋은 감각보다는 고통이 훨씬 많다. 발에 잘 안 맞는 운동화 때문에 생기는 엄지발가락의 통증, 타는 듯한 목마름, 오후의 햇볕에 달궈진 정수리 부분의 열기, 땀 때문에 근질거리는 이마와 목덜미, 터질 듯 괴로움을 호소하는 심장……. 이런 감각들이 한꺼번에 고문하듯 나를 찾아오는데, 그걸 하나하나 세심하게 느끼면 그야말로 한 걸음도 내딛지 못한다. 적당히 외면하고 무시하고 참고 견뎌야 끝까지 달릴 수 있는 것이다.

그래서 나는 관객들 가까이 붙어 달리는 것을 좋아한다. 관객들이 내지르는 함성과 뜨거운 박수소리를 가까이 느끼며 달리노라면 몸에서 호소하는 고통을 조금이나마 잊게 된다. 마라톤을 몇 년 하다보면 관객들을 구경하며 달리는 경지에까지 도달하게 된다. 가끔은 관객들 사이에서 반가운 얼굴을 찾아내기도 하고, 환호를 보내는 사람들과 눈을 맞출 정도로 여유가 생긴다.

그날도 나는 여느 때처럼 관객과 아주 가까이 붙어 달리고 있었다. 그런데 저만치 앞쪽에서 웅성웅성 소란이 이는 것이 보였다. 한 아주머니가 "비켜, 비켜!" 하면서 사람들을 헤치며 마라톤 코스 가까이로 나오고 있었다. 무슨 일인가 유심히 보면서 막 그 지점을 통과하려는 찰나, 갑자기 정신이 번쩍 들 정도로 차가운 물이 내 온몸으로 쏟아졌다. 너무나 어이없고 황당해 무슨 일이 일어났는지 쉽게 파악이 되질 않았다. 달리기를 멈추지 않고 계속 달리면서 뒤를 돌아보니 아까 사람들을 헤치고 코스 쪽으로 나오던 아주머니가 빈 양동이를 들고 내게 손을 흔들고 있는 게 아닌가. 그제야 나는 무슨 일이 일어났는지 깨달을 수 있었다. 그 아주머니가 내게 차가운 물세례를 퍼부은 것이었다.

원래 마라톤 도중에는 물 한 컵도 함부로 마셔서는 안 된다. 언제 어떤 음료를 얼마만큼 마실지 철저하게 계산해서 섭취해야 장시간 달리는 몸에 무리를 주지 않는다. 달리는 도중에는 위장이나 신장 기

능이 평상시보다 약간 떨어져 있는 상태라 특히 찬물 같은 것은 마시지 않는 게 좋다. 그런데 찬물 한 컵 정도가 아니라, 한 양동이를 전신에 맞았다고 생각해보라. 그런 상황은 마라토너에게 물벼락 정도가 아니라 날벼락이다.

지금 같으면 마라톤 주최 측에서 마라토너에게 방해가 되는 요소가 없도록 주변을 철저하게 통제하지만, 당시만 해도 관객이 마라토너에게 찬물세례를 퍼부어도 그저 재수 없는 일로 치부하는 시대였다. 그 누구도 사전예방이나 사후처리를 하지 않았고, 보상도 물론 없었다. 달리는 와중에 찬물세례를 당한 나는 그 누구도 돌봐주지 않는 상태에서 계속 달렸다. 하지만 몸에서 곧 이상신호를 보내오기 시작했다. 체온이 급격하게 하락하면서 온몸이 부들부들 떨리더니 근육이 무섭게 수축하는 게 느껴졌다. 머리를 휘휘 가로저으며 이를 악물고 정신을 차리려 애썼지만 허사였다. 결국 나는 물벼락을 맞은 후 200미터도 채 못 달리고는 그 자리에 쓰러지고 말았다.

정말 이상한 일이었다. 정신은 말짱한데, 사람들이 내 이름을 부르는 게 저토록 생생하게 들리는데, 몸은 마치 누가 누르고 있기라도 한 것처럼 꼼짝도 할 수 없었다. 몸을 일으켜보려고, 그게 안 되면 고개라도 들어보려고 안간힘을 썼지만 이미 수축된 근육은 내 뜻대로 움직여주질 않았다.

그 순간 내 눈 앞에 여러 사람들의 얼굴이 스쳐 지나갔다. 부모님이 내 이런 꼴을 보시면 얼마나 실망하실까. 아들 응원한다고 분명 여기 와계실 텐데…. 조재형 선배한테 미안해서 어쩌지. 이때껏 나를 이끌어주신 그분께 기껏 이런 모습을 보여드리다니……. 선배가 이 대회를 얼마나 기대하고 또 기대했는데 이대로 쓰러지는 건 말이 안 되는 일이었다. 이화숙 원장님은 또 어떻고! 기껏 부상을 치료해 완치시켜 놓았더니 또 이 지경이냐며 걱정 반, 힐난 반의 표정으로 나를 보실 게 뻔했다.

내가 더 이상 달릴 수 없을 거라 호언장담하던 사람들은 얼마나 재미있어할까. "거봐라, 이홍열이 별 거 아니다, 재기한다고 말만 그럴싸하게 늘어놓고 결국에는 기권을 하는구나." 하면서 제멋대로 입들을 놀릴 텐데, 그 꼴을 어떻게 보나. 그들에게 본때를 보여주기 위해 그동안 그렇게 이를 악물고 노력했는데, 정말 이대로 쓰러져서 못 일어나는 걸까. 그동안 부상으로 얼마나 많은 경기를 쉬었는데, 또 이대로 주저앉고 마는 걸까. 이제 겨우 3~4km밖에 안 남았을 텐데…….

몸은 꼼짝도 않는데, 머릿속은 이런저런 생각이 바쁘게 오가며 나를 더욱 괴롭혔다. 어떻게든 다시 일어나 보려고, 일어나 달려보려고 안간힘을 썼지만 끝내 나는 일어나지 못했고 그 경기에서 기권을 하고 말았다.

남 탓하면 세상이 내 적이 된다

지금도 나는 가끔씩 그때 그 경기에 관한 악몽을 꾼다. 수험생은 시험지를 받아드는 순간 머릿속이 하얘지는 악몽을 꾸고, 군대 다녀온 남자들은 군대에 다시 끌려가는 악몽을 꾼다는데, 내 경우에는 그때 일이 악몽으로 재현된다. 꿈에서 나는 마라톤을 하고 있다. 1등으로 달리고 있고 컨디션도 아주 좋다. 그때 저 멀리 관중석이 술렁이면서 한 아주머니가 커다란 물 양동이를 들고 트랙 쪽으로 다가오고 있다. 안 돼, 저 아주머니가 내게 찬물을 끼얹을 거야. 가까이 가서는 안 돼! 마음속으로 외쳐보지만 내 몸은 말을 듣지 않는다. 악몽의 정해진 규칙이다. 결국 나는 온몸에 찬물세례를 맞은 채 바닥에 비참하게 쓰러진다. 그리고 그 모습을 나 자신이 위에서 내려다본다. 마치 영혼이 빠져나가 공중에 뜨기라도 한 것처럼 볼썽사납게 쓰러져 있는 내 몸을 찬찬히 구경한다. 그리곤 그 대목에서 눈을 뜬다. 언제나처럼 땀에 흠뻑 젖은 채 말이다.

일생일대의 커다란 상처로 남은 그 일로 인해 한동안 나는 대인기피증 비슷한 걸 앓기도 했다. 잘 달리고 있던 선수에게 찬물세례를 퍼부은 이름 모를 그 사람을 도저히 이해할 수 없었다. 급기야 적개심이 아니라면 그런 행동을 할 리 없다는 데까지 생각이 미쳤다. 그리고 그 생각은 익명의 다수로 확대되었다. 세상 모든 사람이 다 내게 야유를 퍼붓고 모욕을 하는 것만 같았다. 그 사건 이후 나는 되도록 관객에게서 멀리 떨어져 달리는 습관이 생겼다.

하지만 얼마 후 작은 깨달음을 얻었다. 사실 찬물세례를 퍼부은 그분이 내게 적개심을 품고 있었을 거라는 건 근거가 없는 생각이었다. 어쩌면 그분은 나를 돕고 싶으셨는지도 모른다. 더운 날 땀을 뻘뻘 흘려가며 달리고 있는 마라토너 청년이 안 돼 보여서 그런 행동을 했을 수도 있다. 만일 그렇다면 그건 참 고마운 일이다. 내 더위를 시켜준답시고 집에서부터 그 무거운 양동이를 이고 사람들 사이를 헤치고 나왔을 테니 말이다. 비록 결과적으로는 그 '호의' 때문에 경기에서 기권을 하게 되었지만, 그건 그분의 잘못이 아니다. 단지 마라토너에게 찬물세례가 얼마나 치명적인지 잘 몰랐을 뿐이다.

그렇게 마음을 달리 먹으니 세상이 달라 보였다. 내가 당한 일은 그저 운이 없었던 것이지, 그 누구의 탓도 아니었다. 남 탓을 하지 않으니 내 마음이 다 홀가분해졌다. 남 탓을 하고 미워하는 게 사실은 얼마나 힘들고 어려운 일인지 알게 되었다.

사실 돌아보면 원망스러운 사람들이 참 많다. 믿었던 지인에게 1억 가까운 돈을 사기당하기도 했고, 동아마라톤대회로 각계각층에서 받은 후원금을 떼이기도 했다. 나를 J실업팀에 데려갔던 그 선배로부터 또 한 번 배신을 당한 일도 있었다. 하지만 상처를 준 사람이 있으면 그것을 치료해주는 사람도 있는 법이다. 어려운 시절을 함께 해주었던 조재형 선배나 이화숙 원장님처럼 어떤 이들은 나를 지탱하게 하는 힘을 준다.

사람을 미워하고 남 탓을 하면 세상이 온통 내 적이지만, 사람에게 감사하면 세상이 온통 내 편이 된다. 여기서도 착각이 약간 도움이 된다. 세상이 내게 호의적이지 않다 해도 그렇다고 믿을 필요가 있다. 그런 착각이 항상 감사하는 마음을 갖게 하고 긍정적인 에너지가 되어 다시 내게 돌아올 테니 말이다.

세상이 내 뜻대로 안 될 때
기억해야
세 번째

열등감을 가져라
: 열등감은 나를 달리게 하는 터보 엔진

· · ·

   세상살이 뜻대로 안 된다며 푸념하는 사람들을 보면 나는 속으로 웃는다. 이미 두 살 때부터 내 뜻과는 전혀 거리가 먼 인생을 선물 받은, 나 같은 사람도 있는데 저이는 뭐가 그리 불만일까 싶어서다. 하지만 나 역시 평생 자리보존하며 살아야하는 중중 장애인을 생각하면 그나마 감사해야 하는 처지다. 하긴 나보다 못한 사람 보면서 위안을 얻는 게 무슨 소용인가. 어차피 나보다 잘난 사람은 날 보고 위안을 얻을 텐데.
   "너보다 못한 사람들도 많아. 그러니까 힘을 내." 나는 이런 말을 싫어한다. 오히려 "너보다 잘난 사람들이 얼마나 많은 줄 알아? 그러니까 힘을 내야지" 하는 말이 위로가 된다. 애써 열등감을 감추려 하면 현실에 안주하게 되지만, 열등감을 인정하고 자각하면 자신을 채찍질하게 된다. 열등감에서 벗어나려는 노력, 그게 바로 나를 발전시키는 원동력인 것이다.

• • •

 나는 내 왼팔에 지독한 열등감을 갖고 있었다. 누가 쳐다보는 게 싫어서 긴 소매만 입었고, 운동복 차림일 땐 남들이 못 알아보도록 팔을 앞뒤로 흔들며 재빨리 달렸다. 내 왼팔이 죽도록 싫어서, '팔 병신'이라 무시당하는 게 끔찍하게 싫어서 달리고 또 달렸다. "너보다 장애가 심한 사람도 많아. 그 정도 장애는 아무것도 아니야" 하는 말에 만족했다면 동아마라톤 대회에서 한국 신기록을 갱신한 영광의 순간은 내 인생에 없었을 것이다. 왼팔에 대한 열등감이 있었기에 성공에 대한 오기와 집념도 생겼던 것이다.
 세상이 내 뜻대로 되지 않을 때 당신의 열등감을 자극해보라. 당신이 세상과 타인을 원망하는 게 아니라 자신을 돌아볼 줄 아는 사람이라면 열등감은 자신을 추스르고 앞으로 달리게 할 가장 큰 불씨가 되어줄 것이다.

팔 병신이라 놀려줘서 고맙다

세상에서 가장 두려운 시기, 여름

결전의 날이었다. 학교에 가다 말고 개울물에 내 모습을 비춰봤다. 왼팔에 칭칭 동여맨 붕대가 꽤 심각해 보였다. 이 정도면 여름 내내 붕대를 감고 지낸다 해도 아무도 나를 의심하지 않을 것이다. 장애가 있는 왼팔을 가리기 위해 붕대를 감았다고는 그 누구도 생각하지 못할 것이다.

중학교에 입학해 한동안은 괜찮았다. 긴팔 교복을 입고 있어서 아무도 내 왼팔에 장애가 있다는 사실을 알지 못했다. 워낙 활달하고 적극적인 성격인데다 운동신경도 꽤 좋아서 친구들은 무슨 놀이를 해도 나를 제 편으로 끌어들이려고 안달들이었다. 그런데 하복을 입어야 할 때가 온 것이다. 짧은 교복 밑으로 가늘고 짧은 내 왼팔이 고스란히 드러나고, 마침내 전교생이 모두 그 팔을 볼 걸 생각하니 오금이 저렸다. 그건 절대 일어나서는 안 될 일이었다!

초등학교 시절에는 웃통을 벗고도 거리낌 없이 나다녔다. 한 동네에서 어릴 때부터 아랫도리를 내놓고 같이 자란 사이라 새삼 내 팔에 신경을 쓰는 친구가 없었다. 게다가 내 덩치는 제법 큰 편이었다. 한 반에 예순두 명이 있던 시절에 키 순서로 62번을 도맡아 했으니 감히 나를 놀리거나 함부로 대하는 건 꿈도 꾸지 못했을 것이다. 놀리기는커녕 내 한마디면 꼼짝도 못하는 친구들이 많았다. 간식 삼아 먹으려고 칡을 주워 오라면 칡을 주워 바쳤고, 진달래를 따오라면 진달래를 따서 바쳤다. 한마디로 왕초 노릇을 했던 것이다.

그렇다고 못된 왕초 노릇만 했냐 하면 그건 아니었다. 제법 정의의 기사 흉내도 냈는데, 특히 여자아이들이 고무줄놀이를 할 땐 가위로 끊고 달아나는 놈들이 있으면 붙잡아서 본때를 보여주었다. 그래서 여자아이들 사이에서 나는 꽤 인기가 있는 몸이었다. 또 겨울이면 아이들에게 썰매를 만들어주었다. 손재주가 있던 나는 꽤 튼튼하고 야무지게 썰매를 만들 줄 알았다. 당시에는 아이들 사이에서 통나무로 바퀴를 달아 만든 손수레를 끌고 다니는 게 유행이었는데, 내가 만든 손수레는 늘 인기폭발이었다.

그런데 중학생이 되니 모든 게 달라졌다. 불알친구들 틈에서 허물없이 지내다 다른 동네에서 온 낯선 아이들과 어울리려니 새삼 내 왼팔이 부끄러워졌다. 한창 예민한 사춘기 때라 더 그랬던 것 같다. 그나마 왼팔을 교복 소매로 가리고 있을 땐 괜찮았는데, 하복을 입을 시기가 오자 걱정이 앞섰다. 고민하던 나는 온 집안을 뒤져 막내가 아기 때 쓰던 기저귀감을 찾아냈다. 한 번 들인 물건은 뭐든 내버리지 않고 보관하시는 어머니 덕분에 붕대 대용으로 쓸 좋은 물건을 발견한 것이다. 막내의 기저귀 감을 쭉 찢어 왼팔에 감았더니 감쪽같이 붕대처럼 보였다. 붕대 감은 왼팔을 옷자락 안에 넣어도 보고, 빼 보기도 하면서 거울 앞에서 패션쇼 아닌 패션쇼를 벌였다. 이 정도면 누구라도 의심하지 않을 것 같았다.

그런데 참 신기한 일이었다. 팔에 붕대를 감으니 정말 병이라도 난 것처럼 기운이 하나도 없고 성격도 소극적이고 내성적으로 변해 갔다. 그토록 좋아하던 체육시간에도 나는 주번을 대신해서 교실을 지키고 있든지 스탠드에 앉아 있었다. 붕대의 정체를 아무도 눈치채지 못했지만 놀이에 영 끼질 못하고 만사에 의욕도 사라졌다. 아무래도 지레 찔리는 구석이 있어서였을 게다. 그러다 여름이 끝나고 마침내 긴팔 교복을 입는 가을이 오면 병든 닭처럼 앓던 내가 펄펄 기운을 되찾았다. 여름동안 꼼짝 못하고 지낸 걸 보상받기라도 하듯 신나게 뛰어다니고 뒹굴었다. 그렇게 여름마다 팔에 붕대를 감고 지내길 3년. 정말 악몽 같은 여름이었다.

'팔 병신' 소리에 깡패가 되다

그러던 3학년 가을, 한 아이가 내게 다가오더니 빙글빙글 웃으며 이렇게 말하는 것이었다.

"여름마다 팔에 붕대 감은 거, 다 쇼라며? 사실은 너, 팔 병신이라며?"

그 순간이었다. 내 몸이 용수철처럼 튀어 올라 그 아이를 타고 앉았다. 그리고 마구 주먹세례를 퍼붓기 시작했다. 내가 미처 의식하기도 전에 몸이 먼저 반응하고 행동한 것이다. 교실은 순식간에 아수라장이 됐다. 하지만 내게는 보이는 것도 들리는 것도 없었다. 3년 동안 붕대로 꽁꽁 동여맨 비밀, 그게 폭로되었다! 나는 분노에 사로잡혀 그 친구를 흠씬 두들겨 패주었다.

소문은 빠른 속도로 퍼져나갔다. 내가 장애인이라는 것과 그럼에도 불구하고 엄청나게 주먹이 세다는 소문이었다. 누구든 내 앞에서 '팔 병신' 소리만 꺼내면 그날은 그 친구의 제삿날이었다. 당시는 초등학교 때에 비해 성장 속도가 줄어 덩치가 반에서 중간 정도 갔지만 몸 하나는 정말 날랬다. 내가 날다시피 책상을 뛰어넘어가 주먹을 날리면 덩치가 산만한 아이들도 영락없이 뒤로 나자빠졌다. 유도부 덩치들도 나한테는 꼼짝을 못했다.

내가 싸움 꽤나 한다고 소문이 나자, 심지어 주먹을 겨뤄본답시고 일부러 시비를 거는 아이들까지 생겼다. 아무리 싸움을 안 하려 해도 그놈의 팔 병신이라는 소리가 들리기만 하면 몸에 자동으로 발동이 걸렸다. 그렇게 전교에서 주먹 꽤나 쓴다는 아이들은 모두 나와 싸움을 벌였고, 나는 점점 더 소문난 싸움꾼이 되기 시작했다. 심지어 다른 학교에서도 내 소문을 들었다면서 한 번 겨뤄보자고 찾아오기까지 했다.

그때부터 우리 집은 드나드는 손님들로 문턱이 닳았다. 내게 흠씬 두들겨 맞은 애들의 부모님들이 우리 집에 쳐들어왔다. 하루가 멀다 하고 코뼈가 부러졌느니, 이가 날아갔느니 따지러 온 사람들 때문에 우리 집은 언제나 시끌벅적했다. 그런 반갑지 않은 손님이 찾아올 때마다 어머니는 닥치는 대로 아무거나 손에 쥐고 나를 때리셨다.

"몽뎅이 워딨댜. 다리를 뿐질러서 숫제 쩔뚝바리를 맨들어야 쌈박질 안 할 겨? 기여?"

억울했다. 먼저 시비를 걸은 건 그쪽이었다. 내가 장애인이란 걸 알고 팔 병신 운운한 건 그쪽이었단 말이다. 그래서 두들겨 패준 것뿐인데, 다시는 날 우습게 보지 않도록 하려던 것뿐인데, 왜 내가 야단을 맞아야 하나. 어머니께 사정없이 두들겨 맞으면서도 나는 잘못했단 소리는 입도 뻥긋하지 않았다.

그런데 아버지는 다르셨다. 그 일로 나를 야단치신 적이 없다. 그렇다고 우리 아버지가 원래 너그러우신 분이었냐 하면 그건 아니다. 다른 형제들이 잘못을 하면 호되게 꾸중하시고 매를 드셨다. 물론 나한테도 마찬가지였다. 하지만 팔 병신 소리에 욱해 주먹을 휘두를 때만큼은 한 번도 야단을 치신 적이 없다. 아마도 아버지는 내 마음을 조금은 이해하고 계셨던 것 같다.

죽을 용기와 힘이 있으면 그걸로 살자

그러던 어느 날이었다. 나를 팔 병신이라 놀리던 아이를 흠씬 두들겨 패서 이를 한 대 날려주고 집에 돌아오는 길이었다. 늘 있는 일이었지만 그날따라 억울하고 분해서 자꾸만 눈물이 났다. 이럴 줄 알았으면 염증이 번져 죽을 수도 있다했던 두 살 때 그냥 죽어버리는 게 나았을 거란 생각도 들었다. 살리려거든 팔이나 깨끗이 고쳐놓든지, 그게 아니면 차라리 죽게 할 일이지, 이렇게 팔 병신 소리 들으면서 살 게 할 건 뭐냐 말이다. 새삼 어머니가 원망스럽고 세상이 미웠다. 아니, 사실을 말하자면 너무나 미안했다. 친구를 때려 미안했고, 어머니가 다른 아줌마들에게 굽실거리게 만든 것도 미안했다. 맨 처음 팔 병신 소리를 들었을 때 꾹 참았다면 내가 장애인이라는 소문도 덜 나고 문제도 이렇게 커지지 않았을 텐데, 그걸 못한 것도 나 자신에게 미안했다.

차라리 죽자. 이렇게 여러 사람에게 미안한 일 만들고 괴롭게 사느니 그냥 죽어버리자. 열여섯, 어리석고 어린 생각으로 나는 쉽게 자살을 결심했다. 우리 집 사랑방에 작은 TV가 있었다. 거기서 목을 매달아 자살하는 장면을 언뜻 본 기억이 났다. 그래, 목을 매달면 죽을 수 있겠구나. 나는 서둘러 목을 매달 만한 걸 찾았다. 그때 내가 팔을 감추는 데 썼던 막내의 기저귀 감이 눈에 띄었다. 그걸 꼬아 단단한 고리를 만들고 벽에 박힌 못에 걸었다. 그런 다음 목에 줄을 한 번 감아봤다. 못이 낮게 박혀 있어서 발이 방바닥에 닿았다. 안 되겠다 싶어 끈을 갖고 이번에는 뒷산에 올랐다. 꽤 높이가 되는 가지에 끈을 매달고 목에 걸었는데, 매듭이 내 목 앞쪽에 있으니 숨이 막히지 않았다. 그래서 이번에는 고리 매듭을 뒤쪽으로 돌리고 다시 목에 감았다. 그랬더니 정말로 숨이 턱 막히는 것이 겁이 더럭 났다. 몇 초 버둥거리던 나는 손으로 고리를 잡고 몸을 흔들어 다리를 다른 나무에 걸쳐 몸무게를 지탱한 다음 간신히 목에 걸린 줄을 풀었다.

  땅에 발을 딛자 온몸이 후들거리고 식은땀이 났다. 나뭇가지에 걸린 줄을 올려다보니 바람결에 한가로이 흔들리고 있었다. 나는 그 자리에 털썩 주저앉았다. 나도 모르게 뺨으로 눈물이 흘렀다.

  죽는 게 무서웠다. 팔 병신 소리 듣는 것보다 더 무서웠다. 어차피 한 번은 죽을 테지만, 지금은 때가 아니었다. 나는 아직 죽을 각오로 살아보지도 못했다. 이럴 바엔 하고 싶은 일, 다 해보고 죽자. 놀림 한 번 받았다고 죽으려는 어리석은 짓은 더 이상 말자. 나는 울면서 마음속으로 맹세했다. 그들이 내 인생을 대신 살아줄 것도 아닌데, 어째서 나는 이리도 쉽게 그들 때문에 죽을 생각을 다 했을까.

그날 이후, 나는 팔 병신이란 말에 조금은 의연하게 대처할 수 있게 되었다. 그 말이 마치 마법의 주문이라도 되는 것처럼 듣자마자 튀어 올라 주먹을 휘두르던 내가 달라졌다. 그렇다고 100% 마음을 다스릴 수 있었던 건 아니다. 하지만 확실히 그 전보단 싸우는 횟수가 줄고 주먹도 덜 휘두르게 되었다. 대신 나는 마음속으로 중얼거렸다. '10년 후에 보자. 팔 병신 이홍열보다 더 잘 되어 있는 놈, 몇 명이나 있는지 10년 후에 가려보자. 나는 성공할 것이다. 두 팔 멀쩡한 너희들보다 훨씬 큰 사람이 되어 있을 것이다.'

지금 생각해보면 이렇게 이를 갈고 집념을 불태운 경험이 있었기에 연합고사 준비도 무섭게 할 수 있었고(물론 성적은 뜻대로 안 나왔지만), 대성고등학교에 무작정 찾아가 테스트를 받게 해달라고 배짱을 부릴 수도 있었던 것 같다. 그리고 그로부터 10년이 채 못 되어 이홍열이라는 이름 석 자가 신문 1면을 화려하게 장식하는 날이 왔다. '신예 이홍열, 10년 만에 마라톤 마의 15분 벽 깨고 한국 신기록 갱신'……. 그 기사를 보고 왕년의 팔 병신 이홍열을 떠올린 친구도 분명 있을 테지.

  나이 40줄에 들어선 요즘, 가끔 고향에 내려갔다 우연히 중학교 동창들을 만나곤 한다. 그 녀석들, 지금은 사뭇 다른 자세로 나를 대한다. 상당히 미안해하고 조심스러워한다. 이제 더 이상 우리는 까까머리 중학생이 아닌 것이다. 그거면 됐다. 아니, 오히려 나는 그들에게 감사한다. 그들이 그렇게 열심히 나를 놀리고 괴롭혀준 덕분에 더욱 이를 갈고 노력할 수 있었기 때문이다. 그들 덕에 얻은 열등감이 내 비료이자 햇빛이자 물이자 공기였다는 것을, 지금의 나를 키운 전부였다는 것을 그들은 과연 알고 있을까.

열등감을 엔진 삼아 달려라

나도 군대 가게 해달란 말입니다!

솔직히 말하면 내가 장애인이라는 사실을 부정하고 싶었다. 아니, 인정하고 싶지 않았다. 대회에만 나갔다 하면 무조건 1등을 차지했으니 내가 스스로를 장애인이라고 실감할 만한 기회는 거의 없었다.

하지만 세상은 그렇지 않았다. 내가 어떻게 느끼든 객관적으로 보면 난 장애인이었다. 고등학교 때 영장이 나와 신검을 받으러 갔는데, 군대 면제판정을 받았다. 남들은 팔을 탈골시키든 어금니를 뽑든 수단방법을 가리지 않고 군대에 안 가려고 안간힘을 쓴다던데, 나는 그 군대라는 데가 참 가고 싶었다. 그래서 어이없게도 검사관에게 매달려 사정했다.

"제가 왼팔은 이래도 생활하는 데는 별 지장 없습니다. 게다가 저, 국가대표 운동선수입니다. 팔에 문제가 있다면 어떻게 국가대표까지 됐겠습니까. 그러니까 군대 보내주십시오. 방위라도 좋으니 군대 가게 해달란 말입니다."

검사관 눈에는 내가 미친놈처럼 보였을 수도 있을 게다. 오지 말라는데 굳이 가겠다는 사람도 다 있구나, 했을 것이다. 검사관은 황당하다는 표정으로 나를 보더니 귀찮다는 듯이 한마디 했다.

"나한테 그런 말해도 소용없어. 넌 군 면제야."

터덜터덜 검사소를 나오는데 눈물이 절로 나왔다. 세상 모든 사람들이 나를 향해 '너는 장애인이야' 하고 손가락질하는 것만 같았다. 그렇다. 나는 나 자신이 장애인이라는 걸 인정하기 싫었다. 그래서 대한민국의 모든 신체 건강한 남자들이 가는 그 군대라는 데가 그렇게도 가고 싶었던 것이다. 하지만 난 누가 봐도 장애인이었다. 내가 아무리 부정한다 해도 그 사실만큼은 변하지 않는다는 걸 그때 뼈저리게 깨달았다.

내 소원은 여름에 반팔을 한 번 입어보는 것이다. 나는 그동안 늘 긴소매 안에 왼팔을 가두고 살았다. 다른 사람들이 내 왼팔을 보는 게 싫었다. 내 왼팔을 보고 끔찍해하든, 놀라든, 동정 어린 시선을 보내든 그 어떤 반응도 보고 싶지 않았다. 그러려면 최대한 왼팔을 가려야 했다. 내가 장애인이라는 사실을 들키지 말아야 했다.

어떤 장애인 운동선수는 '나는 장애를 가진 게 아니라 조금 특별한 신체적 특징을 가졌을 뿐'이라고 했다는데, 나는 그런 경지에까지 오르지 못했다. 내 왼팔을 '남다른 신체적 특징'이라고 가볍게 언급할 만한 마음의 여유가 없었던 것이다. 그래서 나는 어떻게 하든 내가 장애인이라는 걸 잊고 살려고 노력했다.

내가 장애 등급을 받은 건 불과 7~8년 전이다. '이홍열 마라톤 무료교실'을 운영하면서 경제적으로 어려워지지만 않았다면 아마 끝까지 장애 등급을 받지 않았을 것이다. 한 푼이 아쉬운 상황에서 어쩔 수 없이 장애 3급을 받긴 했지만, 그나마도 내 주변 사람들은 그 사실을 모른다. 물론 나와 함께 운동하던 선후배와 동료들에게는 운동복 아래로 드러나는 왼팔을 숨길 수 없었다. 그러나 운동을 그만둔 뒤 만난 사람들은 내 왼팔에 대해 전혀 모른다. 지금 '이홍열 마라톤 무료교실'에서 내게 달리기 강습을 받고 있는 회원들도 마찬가지다. 그들 역시 거의 매일 만나 함께 운동하는 내가 장애인이라는 사실은 전

혀 모르고 있다.

  요즘 들어 우리 마라톤 클럽과 내 자원봉사가 부쩍 언론의 관심을 받기 시작하면서 신문이나 TV에 인터뷰가 자주 나가고 있는데, 그런 자리에서도 내가 장애인이라는 사실은 단 한 번도 밝힌 적이 없다. 대기업이나 공기업 임원들을 대상으로 건강 강의를 할 때도 늘 왼팔을 가리는 긴소매 옷을 입었다. 마이크조차 왼팔에 쥔 적이 없다. 가끔 오른손으로 빔을 조작하느라 왼팔로 마이크를 쥘 때가 있는데, 힘이 약한 왼팔이 조금씩 떨리는 게 느껴질 때마다 눈치 빠른 누군가가 내 왼팔에 이상이 있는 걸 알아챌까봐 마음이 불편해진다. 그러니 내 입으로 내가 장애인이라는 사실을 밝히는 건 이 책이 처음인 셈이다.

  "나는 장애인이다."

  엄연한 이 사실을 내 입으로 말하기까지 정말 오랜 시간이 걸렸다. 그렇다. 나는 열등감에 사로잡혀 살았던 것이다. 버스보다 빠를 거라는 자신감 뒤에는 이런 열등감이 숨어 있었다. 중학생 시절, 팔 병신이라 놀려댔던 친구들, "팔 병신은 운동하면 안 돼!"라며 매질을 하던 선배들이 떠오를 때마다 열등감은 더욱 커지고 깊어졌다. 하지만 어느 순간 나는 깨달았다. 만일 그런 열등감이 없었다면 그저 평범하고 이름 없는 운동선수에 그치고 말았을 거라는 걸 말이다.

열등감은 나의 터보 엔진

　나는 남들보다 빨리 달리는 게 좋았다. 그래야 내 왼팔이 눈에 안 띄기 때문이다. 빨리 달리면 달릴수록 왼팔도 더욱 빠르게 움직이니 무조건 빨리 달렸다. 육상 훈련 중에 인터벌 트레이닝이라는 것이 있다. 400m는 빠르게 달리고, 200m는 천천히 달리고 또 400m는 빠르게 달렸다가 200m를 천천히 달리는 식으로 완급을 조절하는 훈련법이다. 그런데 나는 천천히 달려야 하는 200m를 도저히 견딜 수가 없었다. 천천히 달리면 내 왼팔이 고스란히 드러나니, 천천히 달려야 하는 시점에도 무조건 보폭을 작게 해 빠른 동작으로 맨 앞에서 달렸다.

　고등학교 운동부 시절에도 마찬가지였다. 학년별로 줄을 맞춰 달리는 훈련이 있었는데, 그때도 나는 선배들을 제치고 앞으로 뛰어나갔다. 선배들이 달리는 속도에 맞춰 천천히 달리는 게 끔찍하게 싫었기 때문이다. 이미 그들은 내 왼팔에 이상이 있다는 걸 잘 알고 있었는데도, 그래서 더는 감추고 가릴 게 없었는데도 그랬다. 왼팔에 누군가의 시선이 닿을 가능성, 그걸 완벽하게 차단하고 싶었다. 선배들에게 건방지다며 매번 매를 맞으면서도 나는 또 선배들을 제치고 앞으로 튀어나갔다.

경기 때도 무조건 빠르게 달렸다. 누군가는 나를 레이스 운영 능력이 미숙하다고 평가했다. 처음부터 끝까지 완급 조절 없이, 시종일관 전력질주하다시피 뛰니 그렇게 보일 수도 있었다. 그렇게 미친 듯이 빠르게 달린 건 카메라에 왼팔이 잡히는 게 싫었기 때문이라는 걸 그들은 모를 것이다.

그런데 생각해보니 왼팔 때문에 무조건 빨리 달리려 했던 것이 결과적으로 내겐 좋은 훈련이 되었던 것 같다. 인터벌 트레이닝만 해도 그렇다. 인터벌 트레이닝은 예를 들어, 1분은 천천히 뛰고 3분은 전속력으로 뛰고 또 1분은 천천히 뛰고 3분은 전속력으로 뛰는 식으로, 60분을 운동하면 60분 내내 최대 강도로 운동한 효과를 볼 수 있는 원리이다. 최대 강도로 60분 내내 운동하기 어려우니 그 비슷한 효과를 얻기 위해 고안된 것이다. 그런데 내 경우에는 정해진 시간 내내 전력질주를 했으니 굳이 인터벌 트레이닝이 필요 없었다. 아니, 인터벌 트레이닝 그 이상의 운동 효과를 거두었던 셈이다.

긴 시간 동안 최대 강도의 운동을 지속할 수 있다는 건 마라토너에게 굉장한 재산이다. 천천히 뛰는 게 싫어서 계속해서 빠르게, 달리고 또 달린 덕분에 나는 심폐능력, 지구력, 스피드 등을 향상시킬 수 있었다. 그 덕분에 실제 마라톤 경기에서도 한결같이 빠른 속도를 유지하며 달릴 수 있었던 것이다. 내가 오르막길에 유난히 강하고 막판 스퍼트를 올리는 데 탁월했던 것도 이 때문이리라.

사실 운동선수들이 모두 뛰어난 신체 조건을 타고난 건 아니다. 이봉주 선수는 마라토너로서는 치명적이라 할 수 있는 평발에 짝발이다. 군대도 면제받을 만큼 불리한 신체 조건으로 훌륭한 마라토너가 되기까지 그가 흘린 땀이 얼마나 많았을지 짐작이 가고도 남는다. 하지만 이봉주 선수의 핸디캡은 나와는 비할 바가 못 된다. 평발과 짝발은 그것을 보완하는 운동화를 신으면 해결되지만 내 경우처럼 양팔의 균형이 맞지 않으면 도무지 해결할 방법이 없기 때문이다.

왼팔로 인한 열등감과 그 불리함을 해결해야 한다는 생각은 나를 연습벌레로 만들었다. 운동역학을 전공하는 동안 이런저런 공부를 하다 보니 선천적으로 타고난 능력은 10% 정도만 영향을 끼치고, 나머지 90%는 노력에 의해 좌우된다는 걸 알게 되었다. 그런데 내 경우에는 신체 조건이 오히려 마이너스에 가깝다. 그러니 신체 능력이 뛰어난 사람들이 하는 만큼만 노력해서는 그들을 따라잡기 어려웠다. 내가 그들을 이기려면 그들보다 더 많이, 더 오래, 더 높은 강도로 훈련하는 수밖에 없었다.

 열등감이 있었기에 누구보다도 빠른 사람이 되어야 했다. 누구보다도 지독한 연습벌레가 되어야 했다. 그런 과정들이 결과적으로는 마라토너로서 성공할 밑거름이 되었으니, 그야말로 열등감이 나의 원동력이 되었다고도 할 수 있겠다. 왼팔에 대한 열등감이 내 오기에 불을 지폈고, 다리에 터보 엔진을 달아준 것이다.

 경희대학교에 입학할 당시 경희의료원에서 신체검사를 받았는데, 그때 의사가 내 팔을 보고는 수술을 권했다. 왼팔에 인공뼈를 넣으면 오른팔과 얼추 비슷해질 거라 했다. 한창 왼팔 때문에 열등감에 시달리던 때라 꽤 솔깃하게 들렸다. 그러나 나는 수술을 포기했다. 수술을 모두 세 번 받아야 하고, 수술 후 최소 1년은 운동을 해선 안 된다 했기 때문이다. 선수로서의 기량이 한창 물오를 무렵, 몇 년 동안 운동을 쉰다는 건 곧 포기를 의미했다. 지금까지도 이 왼팔로 누구보다 빨리 달려왔는데 굳이 운동을 쉬면서까지 수술을 하고 싶진 않았다. 대신 은퇴를 하면 꼭 팔부터 수술하겠다고 마음먹었다. 그동안 왼팔을 감추기 위해 빨리 달려왔는데, 은퇴를 하면 달릴 기회가 없을 테니 수술을 꼭 해야겠다고 말이다.

그게 벌써 20년도 더 된 일이다. 의료 기술이 눈부시게 발전한 요즘엔 아마도 더 안전하고 효과적인 수술법이 개발되었을지도 모른다. 하지만 여전히 난 왼팔을 수술할 생각이 없다. 나와 함께 그 수많은 시간, 그 긴 트랙을 달려온 왼팔이자, 다리에 엔진을 달아준 왼팔이다. LA 올림픽 마라톤 트랙을 밟을 때도, 동아마라톤대회에서 신기록을 갱신할 때도 함께 있어주었던 왼팔이다. 한땐, 왼팔만 정상이라면 더 좋은 성적을 낼 수 있을 거라 가슴을 쥐어뜯으며 절규한 적도 있었다. 하지만 생각해보면 왼팔이 있었기에 나를 더 채찍질하고 담금질할 수 있었던 것 같다. 머리털이 없는 삼손이 평범한 남자였던 것처럼, 아마도 왼팔이 정상이었다면 이홍열도 특별한 사람이 아니었을 게다. 나의 왼팔은 바로 오늘날의 이홍열을 있게 한 원동력이자 힘이다.

열등감을 극복하는 가장 현명한 방법

잠시도 쉬지 않는 지독한 연습벌레

발레리나 강수진의 발이 큰 화제를 모은 적이 있다. 아름답고 우아한 토슈즈 안에 감춰진 그녀의 발은 흉하게 변형되어 있었다. 발이 그 지경이 될 때까지 그녀 혼자 감당해야 했을 수많은 연습의 나날들이 능히 짐작이 간다. 축구선수 박지성과 피겨여왕 김연아의 발도 마찬가지다. 상처가 가득한 거칠고 투박한 그 발들은 그들이 지금껏 어떻게 살아왔고, 어째서 지금 위치에 오를 수 있었는지를 가장 강렬하고 효과적으로 보여준다.

내 발도 한때는 그들과 같았다. 고되고 강도 높은 훈련으로 내 발에는 언제나 굳은살과 물집이 가득했다. 발톱 10개 가운데 몇 개는 늘 시커멓게 죽어 있었고, 또 그 중 몇 개는 달리다가 빠져버렸다. 특히 마라톤 풀코스를 한 번 뛰고 나면 발이 거의 걸레짝이 되다시피 했다.

84년 동아마라톤대회, '마의 15분' 벽을 깨고 우승을 거머쥔 그날도 내 발은 수난을 겪었다. 당시에 나는 세계적인 스포츠 브랜드인 N사로부터 후원을 받고 있었다. 그래서 시합 때면 늘 N사의 운동화를 신곤 했는데, 내 발볼은 유난히 넓고, 그 회사의 운동화는 발볼이 유난히 좁아 문제였다. 지금이야 선수들 발에 잘 맞는 맞춤운동화를 제작해 그걸로 훈련하고 시합에도 나가지만 내가 현역으로 뛰던 시절에는 그런 혜택은 꿈도 꾸질 못했다. 그저 스포츠 브랜드에서 스폰서가 되어주는 것만도 감지덕지한 일이었다.

아무튼 그날도 나는 발이 불편한 그 운동화를 신고 42.195km를 달려야만 했다. 발에 잘 맞지 않는 운동화를 신은 탓에 달리는 동안 물집이 생겼고, 그게 터지면서 피가 나기 시작했다. 하지만 뛰는 동안에는 발의 통증에 일일이 신경 쓸 여유가 없다. 아니, 의도적으로라도 신경을 써선 안 된다. 발이 아프다는 생각을 하는 순간 자신도 모르게 발을 내딛을 때 움츠리게 되고 그러면서 속력이 떨어지고 페이스를 잃게 되기 때문이다. 사실 달리는 동안에는 발의 통증 말고도 다른 고통이 워낙 심하기 때문에 발이 아픈 정도는 크게 신경 쓰이지도 않는다. 그렇게 발에 물집이 생겼다 터지고 또 물집이 생겼다 터지고를 반복하면서 42.195km를 다 달리고 나면 비로소 발의 통증이 무섭게 밀려온다. 긴장이 턱 풀리면서 발과 몸의 근육, 뼈마디 곳곳에서 비명을 내지르기 시작한다.

그날, 떠들썩한 시상식과 축하행사를 모두 마치고 숙소로 돌아온 나는 여느 때처럼 목욕탕으로 가서 발의 물집을 터뜨렸다. 그러다 문득 호기심이 동해서 물집을 터뜨리면서 거기서 나온 피를 소주잔에 모두 받아보았다. 그랬더니 소주잔 하나가 거의 다 차는 게 아닌가. 그 발로 이튿날 새벽 4시부터 또다시 훈련에 들어갔으니 지금 하라면 절대 못할 짓이다.

어릴 때부터 나는 주변 사람들에게 지독하단 소리를 많이 들었다. 남에게 지고는 다리 뻗고 못 자는 성격 탓에 새끼 꼬기를 하든, 보리 타작을 하든, 고추밭을 매든 아무튼 남보다 더 빨리, 더 많이 해야 했다. 그래서 어른들은 날 보면 "고망쥐(생쥐의 방언) 겉은 게 짱하게 지독햐." 하면서 혀를 내둘렀다. 운동을 시작하면서도 마찬가지였다. 다른 선수들에 비해 신체적으로 불리했기 때문에 그걸 만회하기 위해 지독할 정도로 훈련에 매진했다. 남들보다 훈련을 한 시간 먼저 시작하고 한 시간 늦게 끝내는 건 기본이었다. 어쩌다 버스를 타도 가만히 앉아가는 건 상상도 못할 일이었다. 서 있되 그냥 서 있는 게 아니라 기마자세를 취했다. 허벅지 근육을 단련하기 위해서였다. 생각해보라. 자리가 남아도는 버스에서 까까머리 고등학생이 기마자세로 몇 십 분을 버티며 서서 가는 광경이 얼마나 진기한 구경거리였을지 말이다. 물론 나도 창피했다. 얼굴이 화끈거릴 만큼 부끄러웠다. 하지만 누군가는 그 시간에 훈련을 하고 있을 거란 생각을 하면 도저히 그냥 앉아있을 수 없었다. 편안히 앉아서 시간낭비를 하느니 창피함을 무릅쓰고라도 근육을 단련하는 것이 마음이 편했다.

시합에 나가기 위해 기차로 이동할 때도 가만히 있질 못했다. 다른 선수들은 좌석에 앉아 마인드컨트롤을 하거나 휴식을 취했다. 그런데 나는 마음이 불편해서 도저히 그냥 있을 수 없었다. 기차에 오르자마자 화장실에서 운동복으로 갈아입은 다음, 계단이 있는 출입구 쪽으로 가서 제자리 뛰기를 했다. 객실 복도는 너무 좁았고 사람들도 자주 오갔기 때문에 차라리 출입구 쪽이 나았다. 한참을 그렇게 땀을 흘리며 제자리 뛰기를 하고 있노라면, 기차 승무원이 나를 발견하고 다가오곤 했다.

"손님, 여기서 이러시면 위험합니다. 좌석으로 돌아가 주십시오."

그러면 나는 죄송하다며 고개를 조아렸다가 승무원이 사라지자마자 또다시 제자리 뛰기를 시작했다. 이런 식으로 승무원과 본의 아닌 실랑이를 벌이면서 목적지까지 가는 내내 운동을 했다. 내가 목표한 운동량을 모두 채우고 나서야 비로소 화장실에 가서 세수를 하고 옷을 갈아입은 다음 좌석에 앉았다.

노력은 배신하지 않는다

남들 다 쉬는 휴일에도 나는 쉬어본 기억이 없다. 일요일 아침에는 오전 훈련만 하고 오후에는 훈련이 없었다. 마음 같아선 일요일 오후에도 훈련을 하고 싶은데 쌀이며 김치, 밑반찬이 떨어지면 별 수 없이 고향에 내려가야 했다. 그런데 고향에 내려가는 그 시간도 내게는 눈물이 날 만큼 아까웠다. 그래서 생각해낸 게 바로 학교가 있던 대전에서 고향 논산까지 뛰어서 가는 거였다. 대전에서 논산까지는 거의 35km 거리였다. 만만하게 볼 만한 거리가 아니었다. 뛰다 지치면 마음이 약해져 중간에 버스를 잡아탈 수도 있는 일이었다.

'안 되겠다. 평상복 말고 운동복을 입자!'

운동할 때 입는 팬티와 러닝을 입으면 창피해서라도 버스를 타지 못할 것 아닌가. 일종의 배수진을 친 셈이었다. 그렇게 나는 팬티와 러닝 바람으로 대전에서 논산까지 달리기 시작했다. 정말 죽도록 힘들었다. 마라톤 풀코스 거리에서 고작 7km 정도 빠지는 거리다. 게다가 마라톤 트랙처럼 잘 닦인, 달리기 좋은 코스도 아니었다. 너무 힘들고 숨이 가빠서 중간에 잠깐 달리기를 멈추기도 했다. 하지만 다시 달리는 것밖엔 수가 없었다. 버스를 탈 수도 없는 노릇이고 다시 되돌아가기도 애매한 거리였기 때문이다.

그렇게 2시간을 넘게 죽을 동 살 동 달려 간신히 집에 도착하면 거의 초주검 상태가 되어 마당에 큰대자로 쓰러졌다. 어머니를 부를 기운도 없었다. 숨을 헐떡이며 하늘을 보고 누워 있노라면 부엌일을 하던 어머니가 마당으로 나오다가 나를 발견하시곤 비명을 지르셨다.

"이게 누구여, 우리 홍열이 아니여?"

아들자식 죽는다고 한바탕 난리를 피우고 나서 어머니는 나를 질

질 끌고 툇마루에 올려놓으셨다. 서늘한 툇마루에 등을 대고 누우면 그제야 몸에 기운이 도는 것 같았다.

내가 시골집에 내려간 날이면 어머니는 꼭 닭을 잡으셨다. 이상하게도 우리 아버지는 다른 건 다 하셔도 닭은 못 잡으셨다. 기껏 잡으신다는 게 닭을 꼼짝 못하도록 빨간 대야를 엎어 가둬놓는 정도였다. 그러면 어머니가 소매를 걷어붙이고 나서셨다. 닭 모가지 뒤에 바늘을 찌르는 게 어머니만의 비결이었다. 어머니가 그렇게 닭을 잡으시는 동안 아버지는 겸연쩍어하시면서 아궁이에 불을 때서 물을 끓이셨다.

어머니가 푹 고아주신 닭으로 몸보신을 하고 나면 쌀과 김치를 얻어 집을 나섰다. 대전으로 돌아갈 땐 몸도 지쳤고 짐도 있어서 차마 뛰진 못하고 버스를 탔다. 하지만 버스 안에서도 가만있질 못하고 또 기마자세로 서서 갔으니 내가 생각해도 참 지독한 연습벌레였다.

깨어있는 시간은 100% 운동에 투자하자. 그게 바로 내 다짐이었다. 고등학교 운동부 시절, 손바닥만한 내 자취방 벽에는 이런 문구가 적혀 있었다.

'내가 연습하는 시간은 남을 이기는 시간이고, 내가 쉬는 시간은 남

이 이기는 시간이다'

왠지 컨디션이 좋지 않거나 쉬고 싶은 날, 따뜻한 이부자리에서 뒹굴다가도 벽에 붙은 그 문구만 보면 찬물에 세수한 것처럼 정신이 번쩍 들었다. 내가 빈둥거리는 지금 이 시간에 누군가는 트랙을 돌고 있을 것이다! 나와 함께 출발선에 설 그 누군가가 나는 두려웠다. 그 가상의 경쟁자만 생각하면 더는 나태한 채로 있을 수 없었다.

이런 각고의 노력 끝에 나는 고등학교 2학년에 올라가면서 주니어 국가대표 마크를 달았다. 고등학교 3학년 때는 이미 주니어에서는 내 경쟁상대가 없어 일반부 국가대표가 되었다. 고등학생으로서 역사상 처음으로 일반부에서 우승을 했고, 10km 단축마라톤에서 신기록을 갱신했다. 고등학교를 졸업한 지 겨우 한 달 만인 1980년 3월에는 동아마라톤대회에서 우승을 했다. 당시만 해도 동아마라톤대회 우승은 일본인 초청 선수들이 휩쓸었지, 국내 선수가 우승 트로피를 가져온 일은 단 한 번도 없었다. 게다가 갓 고등학교를 졸업한 스무 살 청년이 우승을 했으니 그야말로 스포츠계가 발칵 뒤집힐 정도의 이변이었다.

노력은 사람을 배신하지 않는다는 걸 고등학교 시절의 나는 뼈저리게 실감했다. 내가 노력한 만큼, 달린 만큼 기록과 성적이 나왔다. 그리고 그런 우월한 성적이 내 열등감을 치유해주었다. 선배들이 팔 병신 운운할 때마다, 사람들이 운동복 밖으로 드러난 내 왼팔을 이상한 시선으로 볼 때마다 나는 달리고 또 달렸다. 내가 충청도뿐 아니라 전국대회를 석권하고 세계대회에서도 우승을 하면 아무도 나를 팔 병신이라 부르지 못할 거라고 생각했기 때문이다. 그러고 보면 그 시절 내가 했던 그 지독한 훈련과 연습이 사실은 열등감을 치유하는 과정이었는지도 모른다.

 열등감은 누가 갖지 말라고 해서 안 갖게 되는 게 아니다. 절대 가져서는 안 되는 부정적 감정도 아니다. 사람이라면 누구나 크고 작은 열등감을 갖고 있기 마련이고, 열등감에서 완전히 자유로울 수 있는 사람은 없다. 따라서 열등감 자체가 아니라 그것을 어떻게 해소하고 치유하느냐가 문제다. 어린 시절 내가 그랬던 것처럼, 누군가는 세상을 원망하고 주먹을 휘두르며 열등감을 잊으려 할지도 모른다. 그러나 또 누군가는 운동부 시절의 나처럼 자신을 발전시키고 다듬어가면서 열등감을 잊는 현명한 방법을 찾을 것이다. 루게릭병을 앓고 있는 스티븐 호킹 박사가 물리학에 빠지고, 소아마비 장애인이었던 루

즈벨트가 대통령이 된 것도 자신의 열등감을 극복하는 가장 현명한 방법을 찾았기 때문일 것이다.

세상이 내 뜻대로 안 될 때
기억해야 할
네 번째

한 우물만 파지 마라
: 신이 내게 주신 다양한 재능 찾기

• • •

 마라톤 아니면 죽는다는 생각으로 운동만 하던 내가 부상으로 은퇴를 결심했을 때, 내 나이는 겨우 스물여섯이었다. 달리기 말고 내가 또 뭘 잘할 수 있을까. 곰처럼 미련하고 우직하게 노력하는 건 자신 있는데, 문제는 어떤 분야에 그런 우직함을 발휘하느냐였다. 어떤 일이 잘 되어도, 잘 안 되어도 이게 내 길이 맞는지 끊임없이 고민하고 회의했다. 내가 더 잘할 수 있고, 나를 더 행복하게 만들어줄 또 다른 일이 있지 않을까. 그러다보니 안 되는 일은 안 돼서 접고, 잘 되는 일은 내 일이라는 확신이 없어 접고, 수도 없이 직업을 바꾸며 여기저기 기웃거렸다.
 그렇게 20년 이상을 보낸 지금 내가 깨달은 것은 한 우물만 파서는 자신의 재능을 알 수 없다는 사실이다. 우물 하나만 파서 샘물을 얻는 행운아는 그리 많지 않다. 그런데도 사람들은 우물을 파고 또 파도 샘물을 얻지 못하는 자에게 게으르고

• • •

무능력하다 한다. 그렇다고 다른 우물을 파고자 하는 자는 더 욕을 먹는다. 진득하게 한 우물을 파지 못하는, 성급하고 끈기 없는 사람이라고 말이다. 일례로 우리나라 고등학생들을 보라. 재능이 각기 다를 텐데 다들 공부라는 한 우물만 파고 있다.

세상이 뜻대로 되지 않을 때야말로 발상의 전환이 필요하다는 걸 명심하라. 내가 운이 없었던 걸까, 최선을 다하지 않았던 걸까, 하고 고민하기 전에 내가 파고 있는 이 우물 밑에 과연 샘물이 흐를까, 그것부터 의심해봐야 한다. 그러니 이 우물, 저 우물 파며 일명 '삽질'만 하는 인생이라도 너무 좌절하지 말자. 아직 나만의 우물을 발견하지 못한 것뿐이니 말이다. 한 우물만 열심히 파야 성공한다면 얼마나 재미없는 인생인가. 때로는 뒤통수도 치고, 때로는 속을 바글바글 끓게 해도 처음부터 정해진 매뉴얼이 없기에 한 번 살아볼 만한 게 또 인생 아닐까.

꿈을 잃고 또 다른 꿈을 꾸다

연이은 대회 출전과 부상, 그리고 은퇴

　LA 올림픽이 끝나고 보름 만에 경기도 대표로 대구전국체육대회에 나갔다. 올림픽 당시 입은 무릎 부상이 미처 회복되지도 않은 채였다. 당시 전국체전에선 마라톤 금메달 점수가 가장 높았다. 마라톤 금메달 한 개면 100m달리기 금메달 10개와 맞먹는 점수를 얻을 수 있었기 때문에, 경기도육상연맹에선 우승을 위해 나를 꼭 마라톤에 출전시켜야 하는 입장이었다.
　원래 마라톤 풀코스를 한 번 뛰고 나면 못해도 한 달은 휴식 기간을 가져야 한다. 풀코스를 뛰고 보름 만에 또 마라톤에 나간다는 건 마치 산모가 아기를 낳자마자 밭일을 하고 집안일을 하는 것과 같다. 하물며 나처럼 경기 도중에 무릎뼈가 드러날 정도의 치명적인 부상을 당한 경우에는 두말할 나위가 없다. 하지만 당시만 해도 풀코스 한 번 뛰었다고, 부상을 입었다고 해서 한 달이나 쉴 수 있는 선수는 없었다. 나만 해도 경기도육상연맹에서 매달 훈련보조금을 받고 있었던 터라, 나가라는 대회를 안 나간다곤 할 수 없는 처지였다. 별 수 없이 부상당한 무릎으로 전국체전 20km 단축마라톤과 풀코스마라톤에 출전했고, 천만다행으로 두 경기 모두 금메달을 따낼 수 있었다.

그로부터 보름 후에는 경부역전마라톤대회에서 연달아 5일 동안 부산에서 서울까지 뛰는 경기를 했고, 일주일 후에는 또 다른 대회에 출전해 20km 단축마라톤을 달렸다. 이런 식으로 한 달에 적게는 두 번, 많게는 서너 번까지 계속 대회에 출전하며 몸을 혹사시켰다. 이런 강행군이 계속된다면 선수로서의 생명에 지장이 생길 건 뻔한 일이었다. 그리고 그 해 12월, 일본 후쿠오카마라톤대회에서 마침내 일이 터지고야 말았다.

나로서는 일본 후쿠오카마라톤대회에 정말 나가고 싶지 않았다. 대회 직후 충분히 쉬기는커녕 부상에 대한 적절한 치료도 받지 못한 채 연달아 대회에 나간 게 벌써 8개월째였다. 이대로라면 대회에서 입상은 고사하고 부상이나 안 당하면 다행이었다. 그러나 불참을 원하는 내 의사는 무시당했다. 일본 후쿠오카마라톤대회는 풀코스를 2시간 15분대에 완주한 선수들에게만 출전 기회가 주어지기 때문에 국내에서는 동아마라톤대회에서 한국 신기록을 갱신한 나만이 유일하게 초청장을 받은 선수였다. 게다가 86 아시안게임과 88 올림픽을 눈앞에 둔 시점이라 나라 체면을 생각해서라도 꼭 나가야 한다는 은근한 압력이 있었다.

그렇게 어쩔 수 없이 출전한 일본 후쿠오카마라톤대회에서 나는 비교적 괜찮은 컨디션으로 초반 레이스를 펼쳤다. 37km 지점까지만 해도 선두그룹 다섯 명 중 하나로 달리며 페이스를 유지하고 있었다. 그런데 39km 지점에서 사달이 났다. 갑자기 고관절 쪽이 뜨끔하더니 다리에 힘이 탁 풀리면서 그 자리에 주저앉고 말았던 것이다. 안간힘을 써도 더 이상 한 걸음도 디딜 수가 없었다. 아무래도 고관절 인대가 파열된 것 같았다. 결국 나는 더 이상 달리지 못하고 치욕스런 기권을 하고야 말았다.

귀국해서 돌아왔더니 한국에서는 난리가 났다. 10년 만에 한국 마라톤 신기록을 깨고 돈을 벌어들이더니 그새 정신력이 해이해져 기권을 했다고 야단들을 쳤다. 억울했다. 선수 체력 관리조차 제대로 못해주면서 정신력 하나로 버티라니, 그런 억지가 어디 있나. 너무나 억울한 나머지 신문사에 제 발로 찾아가 인터뷰를 자청했다. LA 올림픽 이후 휴식은커녕 부상 치료도 못하고 연달아 대회에 참가해왔고, 그런 경우 선수에게 얼마나 치명적인 결과가 초래되는지 다 얘기했다. 그걸 계기로 우리나라에 마라톤강화위원회가 만들어졌다. 당장 눈앞의 성적과 기록에 연연할 게 아니라 장기적인 안목에서 선수들을 체계적으로 관리하고 선수들의 인권과 건강을 배려하자는 움직임이 일어난 것이다.

그러나 이미 나에겐 때늦은 조치였다. 후쿠오카마라톤대회에서 입은 부상이 좀체 회복되지 않았다. 물리치료, 재활치료를 받는 건 물론이고 골반에 좋다는 별별 약에 심지어 고양이까지 먹어봤지만 별 효과가 없었다. 나중에는 사람들 말처럼 내가 한국 마라톤 신기록을 깬 후로 정신력이 해이해졌나 하는 생각마저 들었다. 그래서 경희대 동기이자 복싱에서 다섯 체급을 석권한 국가대표 복싱선수 신창석과 함께 한겨울에 치악산에 올라갔다. 소위 말하는 정신훈련을 하기 위해서였다. 도 닦는 심정으로 구룡사라는 절에 들어가 백팔배도

드리고, 꽝꽝 얼은 계곡물을 돌로 깨뜨리고는 거기에 알몸을 담그기도 했다.

하지만 나의 이런저런 노력은 모두 수포로 돌아갔다. 이듬해 동아마라톤대회에 출전해 1등으로 달리다 또 고관절 인대가 끊어져 기권을 했고, 그 이듬해에는 조선일보마라톤대회에 나갔다가 역시 기권을 했다. 그리고 마침내 86 아시안게임 국가대표에서 탈락하는 굴욕을 당하기에 이르렀다.

사실 고관절 인대 손상이 좀처럼 회복되질 않자 이제 은퇴할 때가 된 게 아닌가 하는 생각을 종종 하긴 했다. 하지만 선뜻 은퇴를 결심하긴 어려웠다. 마라톤이 아니면 내가 무얼 할 수 있을까, 막막하고 두려웠다. 그런데 국가대표에서도 탈락하고, 신문에도 '이홍열은 어린 나이에 상금을 너무 많이 타서 정신이 해이해졌다'는 식으로 기사가 실리자, 더 이상 버티기가 너무 어려웠다. 마침내 나는 마라톤 인생에서 하차해야겠다고 결심하고 은퇴를 선언했다. 그때 나는 스물여섯, 은퇴를 하기에는 너무 이른 나이였다.

마라톤 없는 인생, 이제 무얼 해야 할까

열여섯 이후로 운동만 생각하며 살아온 나였다. 하루 24시간 운동 말고 다른 건 생각조차 해본 적이 없었다. 달리는 동안에는 왼팔에 장애가 있다는 사실도 잊었다. 달릴 수 있어 행복했고, 달릴 수 있으니까 살아왔다. 그런데 이제 더 이상 달릴 수가 없다니, 이제는 마라토너 이홍열이 아니라니, 쉬 믿기지가 않았다. 젊은 나이에 은퇴, 그것도 명예롭지 못한 은퇴를 하게 된 것이 너무도 아쉽고 서러웠다. 하루에도 몇 번씩 가슴에서 불덩이가 치솟았다.

그때부터였다. 하루를 술로 보내기 시작한 건. 눈만 뜨면 사람들을 불러내 술집에 갔다. 정신을 잃을 정도로 술을 퍼마시고 잠이 들었다가 정신이 들면 또 술을 마셨다. 사람들은 내게 재기할 수 있다고 했다. 이대로 주저앉기에는 너무 아깝다면서 정신 차리고 다시 달려보라고 했다. 하지만 나는 알고 있었다. 그들이 하는 말이 죄다 빈말이라는 것을 말이다. 나는 더 이상 달릴 수 없었다. 내 몸이 예전처럼 달릴 수 없다는 건 누구보다도 내가 더 잘 알고 있었다. 그래서 술을 마셨다. 멀쩡한 정신으론 이런 현실을 도저히 받아들일 수가 없었다.

이렇게 허랑방탕하게 3개월을 보내자 당연한 수순으로 몸에 이상이 왔다. 아침에 일어서자 심장이 멎을 것처럼 숨쉬기가 힘들었다. 병원에서 엑스레이를 찍었더니 심장이 일반인보다 엄청 크다고 했다.

"뭐 운동하셨어요?"

의사가 묻기에 대답했다.

"마라톤이요."

"아, 그래서 심장이 이렇게 큰가 보네요."

정말 유치하게도 의사가 날 알아보지 못하는 게 내심 섭섭했다. 2년 전, 동아마라톤대회 당시만 해도 길거리를 걸으면 두 명 중 한 명은 날 알아보고 사인을 해달라고 했다. 그런데 이제는 알아보는 사람이 아무도 없다. 사람들은, 세상은 마라토너 이홍열을 금세 잊었다.

검사 결과가 나왔다. 걱정했던 심장에는 별 이상이 없고, 알코올성 급성간염이라고 했다. 하긴 하루에 소주 2~4병은 기본이고 맥주에 양주까지 섞어 마셨으니 제아무리 건강한 간이라도 배겨나지 못했을 게다.

"당장 술 끊으세요. 안 그러면 간경화로 진행돼서 큰일 납니다."

마라톤 없이는 죽을 것 같더니, 막상 죽을 수도 있다 하니까 겁이 났다. 그날로 나는 술을 딱 끊었다. 이제 마라톤 없는 인생을 준비해야 할 때였다.

운동선수가 은퇴 후 가장 원하는 일은 바로 후배 양성일 것이다. 나도 은퇴하자마자 후배 양성의 길로 들어섰다. 마침 고교 선배가 경찰대 무궁화체육단 감독으로 있다면서 나더러 코치 겸 선수로 오라고 제의를 해왔다. 그런데 나의 코치 입성은 출발부터 삐걱거렸다. 처음에는 경위급 간부 직위를 주겠다고 하더니, 막상 임명장을 받으러 간 날 보니 경장 직위였다. 선배가 이번 한 번만 그냥 넘어가달라고 싹싹 비는 바람에 그냥 주저앉았는데, 나중에 생각해보니 그게 화근이었다. 하나라도 찜찜한 구석이 있을 때 자리를 박차고 나왔어야 했는데 말이다. 자세한 내용을 밝히려면 그 시절 무궁화체육단과 관련된 사람들을 시시콜콜 회상해야 하는데 그게 썩 유쾌한 일이 못 된다. 아무튼 그곳에서 나는 후배 양성이라는 내 이상이 비리와 중상모략으로 얼룩지는 것을 목격하며 4년을 보냈고, 결국 더 이상 견디지 못해 사표를 쓰고 말았다.

무궁화체육단을 나온 뒤로 딱히 할 일이 없었다. 몇 달 백수처럼 지내다 지인의 소개로 상가분양 사업에 뛰어들었다. 그런데 난생 처음 해보는 그 일에서 나는 꽤 성공을 거두었다. 다들 나더러 운동만 하던 사람이 어쩌면 그리 수완이 좋으냐면서 비법이 무어냐고 물었다. 그런데 사실 비법이랄 게 따로 없었다. 손님 하나라도 놓칠 새라 자동차 안에서 숙식을 해결해가며 현장에서 자리를 뜨지 않는 것, 그게 비법이라면 비법이었다. 운동선수 시절부터 남들 자고 먹고 쉴 때 안 자고 안 먹고 안 쉬는 게 내 특기 아니었나. 미련퉁이 소리를 들을 만큼 그저 열심히 하는 것, 그게 내가 가진 유일한 밑천이었다.

한때 나를 사로잡은 가수의 꿈

상가분양 사업에서 그나마 안정적인 수입이 보장되자 문득 가수가 되어보면 어떨까 하는 생각을 했다. 생뚱맞게 웬 가수냐고 할지 모르지만, 사실 아버지는 예전부터 나더러 가수를 해보라고 여러 번 권하셨다. 팔도 온전치 못한 아들놈이 생고생하면서 운동하는 모습이 안쓰러워 보이셨는지, 차라리 가수를 하는 게 낫겠다고 하셨다. 말씀만 그렇게 하신 게 아니라 어려운 살림에 쌀 다섯 가마니를 주고 오디오

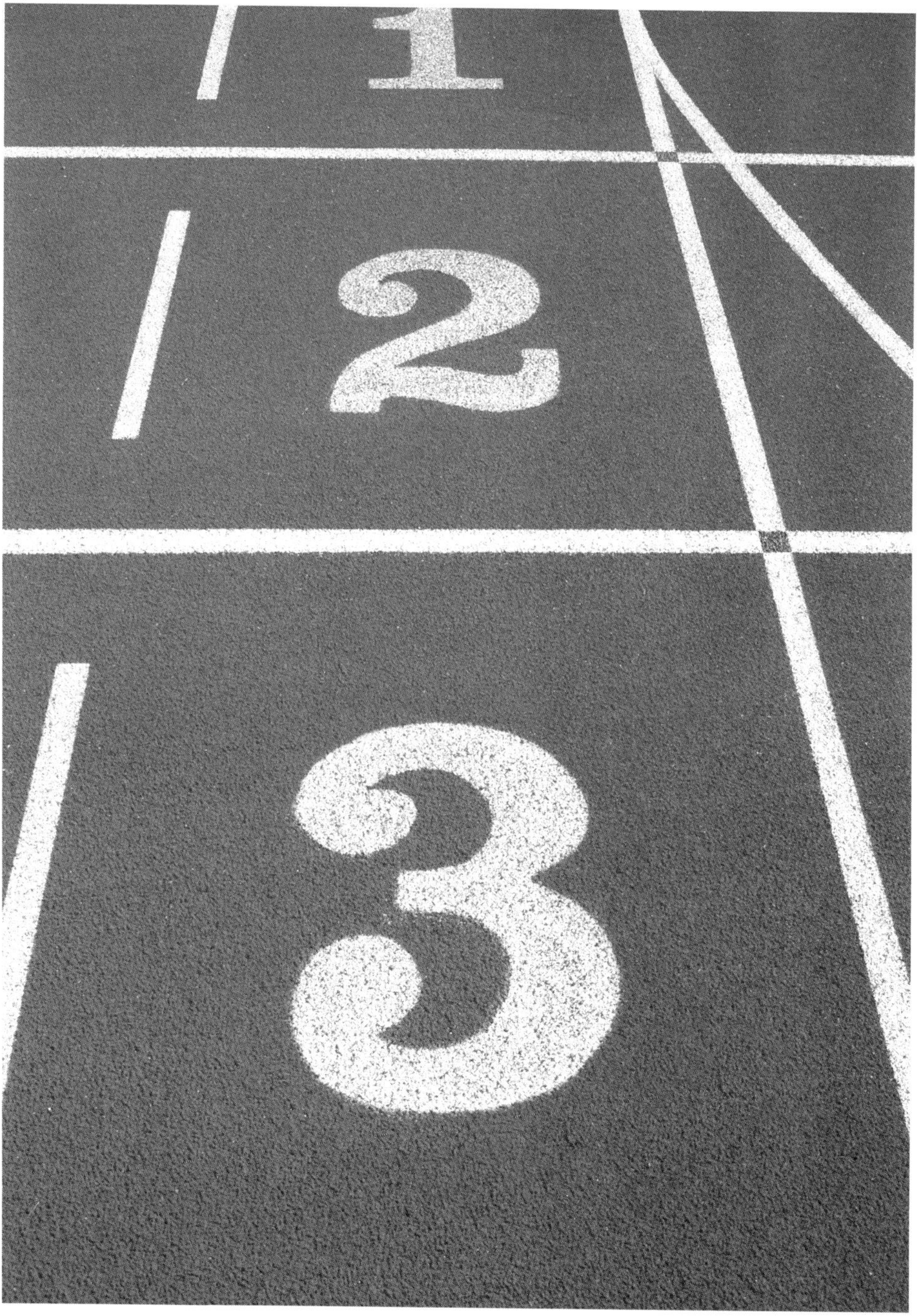

세트까지 장만하셔서 내 자취방에 갖다 놓으실 정도였다. 아버지는 내게 가수 소질이 다분하다고 확신하셨다.

하긴 어릴 때부터 달리기뿐 아니라 노래를 잘한다는 칭찬도 많이 들었다. 대전에 성보극장이라는 데가 있었는데, 거기서는 영화 상영 사이사이 필름을 준비하는 동안 관객들을 대상으로 노래자랑을 열었다. 1등을 하면 냄비며 양은솥, 국자 등 온갖 세간을 상품으로 받을 수 있었다. 나는 성보극장에 영화를 보러가는 게 아니라 노래자랑을 하러 갔다. 그리고 나갔다 하면 1등을 해서 세간을 싹 긁어오다시피 했다. 국가대표가 되어서도 마찬가지였다. 1년에 한 번 선수촌 대표선수들이 종목별로 두 명씩 나와 노래경연을 했는데, 8년 동안 1등을 단 한 번도 놓친 적이 없다. 그러니 아버지가 내게 가수가 되라 하시고, 내가 가수가 될 꿈을 꾼 것도 영 생뚱맞은 일은 아니었다.

사실 가수가 되고 싶다는 생각은 84년도 LA 올림픽 때부터 했다. 올림픽 개막식 때 오프닝 노래를 하던 가수가 그렇게 멋있어 보일 수가 없었다. 그걸 보면서 세계 최초로 올림픽 개막식 무대에 오르는 마라토너 출신 가수가 되어보면 어떨까 하는 생각을 했다.

가수가 되어보자 결심하고 내가 가장 먼저 한 일은 개그맨 이홍렬 씨를 찾아가는 것이었다. 개그맨 이홍렬 씨와는 84년도 동아마라톤 대회에서 한국 마라톤 신기록을 세운 후 한 신문사의 인터뷰 자리에서 처음 만났다. 인터뷰는 개그맨 이홍렬이 마라토너 이홍열을 찾아가 이런저런 이야기를 묻는 형식으로 진행되었다. 그날 개그맨 이홍렬 씨는 날 보자마자 대뜸 이렇게 너스레를 떨었다.

"아유, 내가 요즘 이홍열 선수 때문에 아주 죽겠어요. 다들 날더러 돈 많이 벌었다고 한 턱 쏘라고 하는 바람에……."

동아마라톤대회에서 '마의 15분' 벽을 깨면서 코오롱 명예회장으로부터 포상금 5천만 원을 받는 등 각계각층에서 후원금을 두둑이 받은 사실을 빗대 농담을 건 것이다. 유쾌하고 즐겁게 인터뷰를 마친 우리 둘은 즉석에서 의형제까지 맺었다. 그런 사이다 보니 가수가 되겠다고 결심한 순간 가장 먼저 의논 상대로 떠오른 사람이 바로 이홍렬 씨였다.

그를 찾아가 사정을 설명하고, 알고 있는 좋은 작곡가가 있으면 소개를 해달라고 부탁했다. 하지만 그는 가수가 되겠다는 나를 극구 만류했다.

"가수가 그렇게 쉽게 되는 게 아니야. 운동만 하던 순진한 사람이 연예계 바닥에서 어떻게 버티려고 그래? 그냥 다른 길 찾아봐요. 가수는 안 돼."

그가 하도 안 된다고 하니 가수의 꿈은 일단 접었다. 그런데 1995년도에 우연히 기회가 찾아왔다. 평소 알고 지내던 지인 중에 미국 한인타운 방송사 사장이자 스튜디오 운영자인 서정자 씨라는 분이 있었다. 그분이 내가 가수를 하고 싶어 한단 소리를 어디서 들었는지 작곡가 김학송 선생님과 이인섭 선생님이 기다리신다며, 미국에 있는 그녀의 스튜디오로 나를 데려갔다.

그렇게 해서 얼떨결에 음반은 냈는데, 그렇다고 곧바로 가수가 되는 건 아니었다. PD들이 도무지 내 노래를 방송에서 틀어주질 않았다. 음반을 들고 방송사 여기저기를 돌아다니며 이마가 땅에 닿도록 굽실대도 PD 10명 중 8명은 아예 눈길조차 주지 않았다. 그런 푸대접 속에서 자존심도 무척 상했지만 어디 하소연할 데도 없었다. 그러다 천만다행히도 KBS 1TV의 〈전국노래자랑〉과 인연이 닿아 초대가수로 한 달에 두 번 무대에 서게 되자, 날 불러주는 야간업소도 생기고 제법 가수라는 이름에 걸맞은 활동을 할 수 있게 되었다. 음반이 대박은 안 났어도 알음알음 좋아해주는 팬이 생기고 옆에서 계속

음반을 내라고 부추기는 사람도 있어서 어느새 음반을 네 개나 냈다.

하지만 개그맨 이홍렬 씨의 우려대로 연예계는 나 같은 사람이 버틸 수 있는 곳이 아니었다. 발 병신은 운동을 하면 안 된다며 선배가 엉덩이를 각목으로 쉰 대를 때릴 때도 이를 악물고 견딜 수 있었다. 하지만 야간업소에서 술 취한 손님이 시비를 걸어오거나 치근거리는 여자 손님이 있을 때는 그러기 어려웠다. 아무래도 나는 달리기만큼 노래를 사랑하진 않았던 모양이다. 4집 앨범을 마지막으로 나는 가수의 꿈을 완전히 접었다.

그다음 내가 도전한 영역은 외식사업이었다. 중앙대학원 외식사업 케이터링 과정을 6개월간 수료하고 안산의 N호텔에 있던 예식장을 인수했다. 당시 그곳은 주차 공간이 협소하고 시설이 낙후해 아무도 찾지 않는 예식장이었다. 어떻게 하면 손님을 끌 수 있을까 고민하던 끝에 나는 가수 시절 쌓아두었던 인맥을 적극 활용하기로 했다. 회갑연이나 결혼식을 예약하면 유명 가수를 무료로 섭외해준다고 광고를 한 것이다. 내 마케팅 전략은 대성공을 거두었다. 첫 달부터 순식간에 매출이 껑충 뛰어올랐다. 그러자 여기저기서 팔라는 사람들이 나타났다. 3개월 후 3억 원을 얹어 그 예식장을 팔았다.

나에 대한 소문이 안산 시내의 다른 웨딩홀에 퍼지면서 여기저기서 스카우트 제의가 들어왔다. 그 가운데 가장 열악한 업체를 선택했다. 한 시즌에 겨우 예약이 두 건만 잡힐 만큼 문제가 심각한 곳이었다. 그곳에 들어가자마자 나는 인원부터 감축했다. 그리고 남은 인원이 일당 셋 노릇은 할 수 있도록 철저하게 훈련시켰다. 케이터링 과정을 수료하면서 배운 게 있었기 때문에 직원들 교육이 그리 어렵지는 않았다. 그런 후 예약 손님을 대상으로 선착순으로 최고급 웨딩드레스를 무료로 빌려준다고 광고했다. 효과는 금세 나타났다. 한 달에 예약이 자그마치 70건이나 잡혔다. 최고급 웨딩드레스 가격을 뽑고도 남을 흑자였다. 만년 꼴찌였던 이 업체는 곧 안산 시내 15개 업체 가운데 2등으로 껑충 뛰어올랐다.

고객이 무엇을 원하는지 파악하고 발 빠르게 그 욕구를 충족시킨다는 내 마케팅 전략은 꽤 잘 먹혀들었다. 이런 식으로 여러 웨딩업체로부터 스카우트 제의를 받아가며 일을 하다 보니 어느새 5년이라는 시간이 훌쩍 흘러갔다. 그러다 꽤 괜찮은 조건으로 스카우트된 한 업체에서 토사구팽을 당하는 일이 생겼다. 사람에게 배신당한 상처는 생각보다 꽤 컸다. 그 일을 마지막으로 나는 외식사업에서도 손을 뗐다.

이후에는 이전과 달리 마라톤과 관련된 일을 주로 했다. MBC와 SBS에서 마라톤 해설위원을 했고, 간간이 걷기나 달리기, 건강과 관련된 교양 정보 프로그램에 패널로 출연하기도 했다. 대학원에서 걷기와 달리기로 석사와 박사 학위를 받았고, 운동치료에 관한 비디오를 제작하기도 했다. 현재는 경희대학교 체육대학원에서 러닝 CEO 과정을 신설하고 교양체육 워킹과 조깅 강의를 나가고 있으며 '이홍열 마라톤 무료교실'을 전국적으로 운영하면서 자원봉사도 하고 있다. 또한 대기업이나 공기업 임원들을 대상으로 건강에 관한 강연도 하고 있다.

돌아보면 스물여섯, 한창 나이에 은퇴를 하고 지금까지 참으로 파란만장하게 살았다. 거친 직업만 해도 몇 가지인지 모르겠다. 어떤 일에선 짜릿한 성공을 맛보았고, 또 어떤 일에선 씁쓸하게 빈손으로 물러났다. 그러는 동안 오기 비슷한 것이 생겼다. 신이 내게 주신 재능이 달리기 말고 또 무엇이 있는지 확인해보고 싶어진 것이다.

처음에는 그랬다. 달리기 아니면 죽는 줄 알았다. 그런데 "이거 아니면 죽는다!"는 말은 함부로 내뱉는 게 아니었다. 마라토너 이홍열은 사라졌어도 인간 이홍열은 계속 살아야 했으니 말이다. 그래서 새로운 나의 재능을 찾아 여기저기 헤매고 다녔다. 가수 이홍열은 어떨까, 상가분양 사업가 이홍열은? 외식 사업가 이홍열은 또 어떨까…….

그 여정을 어떤 이들은 탐탁지 않은 눈길로 바라보았다. 진득하게 일자리 하나 붙들지 못하고 엉덩이 가볍게 옮겨 다닌다고 비난했다. 어떤 일 하나도 똑 부러지게 못하니 그렇게 떠돌아다니는 거라고도 했다. 하지만 내 생각은 다르다.

신은 인간에게 다양한 재능을 주셨다

나는 영화에 큰 관심이 없다. 하지만 안젤리나 졸리가 세계적으로 꽤 유명한 여배우라는 건 안다. 얼마 전 한 신문에서 그녀의 인터뷰 기사를 보았다. 그 가운데 한 문장이 꽤 인상적이었다. 그녀에겐 연기가 인생의 전부가 아니란다. 그녀에게 전부는 오로지 가족뿐이라고 했다. 참 멋진 말이다.

물론 안젤리나 졸리니까 그런 말도 할 수 있는 것이다. 만일 무명

배우가 그런 말을 했다면 "그러니까 평생 무명이지."라는 핀잔을 들었을 게다. 그런데 안젤리나 졸리가 한 말이 연기를 등한시하겠다는 뜻은 아닐 거라 생각한다. 그녀가 지금 하고 있는 배우라는 직업에 최선을 다하고 열정을 쏟되, 그보다는 가족으로 대변되는 사생활과 그녀 자신이 더 중요하다는 뜻이리라.

우리 사회는 현재 갖고 있는 직업이 인생의 전부가 되어야 한다고 강요한다. 이거 아니면 죽을 것처럼 열정을 바치라고, 그게 아름다운 거라고 암묵적으로 가르친다. 그래서 수십 년 동안 한 직업을 파고들며 외길 인생을 걸어온 사람들을 칭송하고, 젊은이들에게도 한 우물을 파라고 한다. 물론 한 우물만 파서 성공한 사람들도 꽤 많다. 국민MC라 불리는 유재석의 경우에도 많지 않은 나이에 한 우물을 파서 성공한 케이스다. 만일 그가 10년 무명을 견디지 못하고 다른 일을 찾았다면 지금의 국민MC 유재석은 없었을 것이다.

유재석의 경우처럼 한 우물만 파서 성공할 수 있다면 그것만큼 행복한 인생은 없으리라. 그런데 말이다. 만일 그 우물이라는 게 파고 또 파도 물 한 방울 안 나오는 것이라면 어떨까. 내가 이 우물 말고 다른 우물을 더 잘 팔 가능성은 없는 걸까.

나는 젊을수록 다른 우물도 흘끔거려봐야 한다고 생각한다. 신이

인간에게 단 하나의 재능만 허락했을 리 없다. 강호동은 씨름판을 은퇴한 후 MC로서 제2의 전성기를 구가하고 있다. 가수 조영남도 화가로서 꽤 명성을 날리고 있다. 나 또한 마찬가지다. 강호동이나 조영남처럼 유명인사는 아니지만 튼튼한 심장과 재빠른 다리로 한때 마라토너로서 성공을 거뒀고, 은퇴 후에는 장사 수완과 좋은 목청 그리고 말솜씨를 살려 새로운 일에 도전하고 있다.

물론 이게 내 우물이다 싶으면 미련하리만치 포기하지 않고 달려들어야 한다. 하지만 단 하나의 우물만 파서 물을 길어 올리기란 쉽지가 않다. 그건 정말 엄청난 행운이다. 그런 행운을 기대할 수 없다면 살아가면서 이 우물, 저 우물을 기웃거리며 내가 파도 좋은 것인지 아닌지 알아봐야 한다. 이 우물을 팠다가도 아니다 싶으면 다른 우물도 파봐야 한다. 그러면서 내게 맞는 우물이 무엇인지 알아보는 안목이 생기는 것이다.

심금을 울리는 소리꾼 장사익도 노래를 하기 전에는 25년 동안 자그마치 14개의 직업을 전전했다고 한다. 그가 적성에도 안 맞는 첫 번째 직업을 '내 인생 유일한 우물'로 여기고 열심히 팠다면 어땠을까. 또 그런대로 그 직업에서 성공했을지도 모른다. 하지만 만일 그랬다면 그가 부르는 '찔레꽃'은 영원히 못 듣게 되었을 것이다.

신이 내게 주신 진정한 재능을 발견할 때까지는 한 우물만 파고 있을 순 없다. 지금 파고 있는 우물보다 더 달고 시원한 물이 나올 우물이 있다는 희망, 그것을 버려서는 안 된다.

또다시 열리는 문, 달리기 박사 1호

입 다물고 뛰고, 아령 들고 뛰라고?

1999년은 우리나라에 마라톤 열풍이 전국적으로 불기 시작한 때이자, 내 인생의 전환점이 되는 해였다. 건강에 대한 관심이 높아지면서 운동을 시작하는 사람들이 많아졌고, 그에 따라 마라톤에 대한 인식도 많이 바뀌었다. 마라톤을 선수들만 하는 고된 운동이 아니라, 남녀노소 누구나 쉽게 즐길 수 있는 운동이라고 여기게 된 것이다.

언론이나 인터넷에 마라톤에 대한 정보도 폭발적으로 늘어났는데, 그런 만큼 그릇된 정보도 홍수처럼 넘쳐났다. 마라톤에 대한 관심과 인식의 변화는 참으로 다행스럽고 고마운 일이었지만, 한편으로는 잘못된 정보가 너무도 범람해 걱정스럽기도 했다. 어떤 운동이나 그렇겠지만 마라톤 역시 정확한 지식 없이 막무가내로 시작하면 자칫 심각한 부상으로 이어질 수 있다. 그런데 신문이나 잡지, TV 등을 통해 소위 전문가라는 사람들이 나와 마라톤에 대한 전혀 근거 없는 정보를 전달하는 걸 보니 속에서 울화통이 치밀었다. 마라톤동호회 회장이라는 한 의사는 달릴 때 입을 다물고 뛰라는 황당한 조언을 하고 있었다. 정말이지 위험천만한 말이다. 달릴 때 입을 꾹 다물고 뛰면 폐에 압력이 높아지고 심장에 무리를 줄 수 있다. 따라서 입을 자연스레 벌리고 뛰는 게 맞다. 또 누군가는 전문가랍시고 나와서 양손에 아령을 들고 힘차게 흔들면서 걸으라는 황당한 말을 하기도 했다. 소위 '파워워킹'이라나. 그러나 이런 방법은 '파워워킹'이 아니라 '사람 잡는 워킹'이다. 초보자가 이렇게 걷다가는 어깨와 손목이 탈골되기 십상이다. 이외에도 배에 바람을 넣고 뛰라는 둥, 밑창이 둥근 운동화를 신으라는 둥 잘못된 정보는 끝도 없이 전파와 지면을 타고 전해졌다.

  실제로 한강변에 나가보면 이런 잘못된 정보를 그대로 믿고 따라 하는 사람들이 참 많았다. 하루는 도저히 참지 못하고 다가가 말을 걸었다.

"저, 아주머니, 죄송합니다만 혹시 발등이나 발목 다치셨나요?"

앞뒤가 살짝 들린 기능성 운동화를 신고 있던 아주머니는 내가 불쑥 말을 걸자 깜짝 놀란 듯했다.

"아뇨, 왜요?"

"지금 신고 계신 운동화는 발등이나 발목을 다친 분들에겐 좋을지 몰라도 건강하신 분들에게는 필요가 없습니다. 아니, 오히려 발목과 발가락 관절을 제대로 움직이지 못해 근력이 떨어질 수 있어요. 그러니까 신지 않으시는 게 좋습니다."

천만다행으로 "어머, 그래요? 몰랐네요." 하는 반응을 보여주면 고마운 일이지만, 대부분은 이런 반응이었다.

"아니 누구신데 남의 신발 갖고 이러쿵저러쿵 하세요? 우리 아들이 나이든 사람한테 좋다고 사준 건데 왜 그러세요?"

대부분 이런 반응을 보일 걸 알면서도 나는 도저히 그냥 넘길 수가 없었다.

"걸으시는 걸 가만 보니까 팔자로 걸으시네요. 힘드시더라도 11자로 걷도록 노력해보세요. 팔자로 걸으시면 무릎과 발 관절에 무리가 오거든요."

"보아하니 달리기 초보자이신 것 같은데, 착지를 그렇게 하시면 무릎이 남아나질 않아요."

아무리 '남의 일에 참견 말자' 하고 마음속으로 다짐해도 소용없었다. 잘못된 방법으로 운동하거나 걷는 사람들을 보면 나도 모르게 다가가 또 잔소리를 하고 있는 것이었다. '댁은 누군데 남의 일에 감 놔라 대추 놔라 하는 거요?' 하는 시선들을 마주하고 씁쓸하게 돌아서면서 나는 갈증을 느꼈다. 내게 올바른 정보를 전달할 기회가 주어진다면 얼마나 좋을까. 그렇게만 된다면 더 이상 그릇된 정보로 몸을 다치거나 효과 없는 운동을 하는 사람들도 줄어들 텐데…….

그런데 영원히 오지 않을 것만 같던 그 기회가 생각지도 않게 불쑥 나를 찾아왔다.

가수 때려치우고 박사가 되세요

어느 날 MBC PD라는 사람한테 연락이 왔다. 마라톤 열풍에 대한 프로그램을 준비 중인데, 도움말을 부탁한다는 것이었다. 아마추어 마라토너들이 달리는 모습을 ENG카메라로 찍어 나를 보여주면 내가 그것에 대해 코멘트를 하는 형식의 프로그램이었다. 이거야말로 내가 평소 그토록 바라던 기회 아닌가. 나는 평소 하고 싶었던 말들을 속 시원히 다 퍼부어댔다. 사이비 전문가들이 퍼뜨린 잘못된 정보를 조목조목 반박하고 올바른 운동법을 제시했다.

그것을 시작으로 또 다른 기회가 찾아왔다. KBS의 〈무엇이든 물어보세요〉 담당 PD가 '달리기' 편에 나를 패널로 섭외하고 싶다고 전화를 걸어온 것이다. 그토록 기다리던 전화였으면서도 나는 단번에 그러마고 대답을 하지 않았다. 나 말고 누가 패널로 나오느냐고 물었더니 의사라고 했다. 그래서 내가 그랬다.

"그럼 의사보다 나를 먼저 소개해주세요. 그리고 어려운 질문은 내가 답변하게 해주세요. 아마 의사보다 제가 대답을 더 잘할 겁니다."

아마 담당PD는 내 말을 믿지 않았을 것이다. 아무리 전직 국가대표 마라토너라 해도 제까짓 게 의사보다 말을 잘하랴 싶었을 게다. 하지만 나는 자신 있었다. 의사라면 나보다 공부를 수백 배는 더 했겠지만, 운동 처방에 대해서는 체계적으로 연구하거나 정보를 얻을 기회가 없었을 것이다. 그건 나 역시 마찬가지였다. 그러나 나에게는 10년 동안 직접 달리면서 몸으로 체득하여 얻은 정보가 있었다. 오랜 세월 달리면서 셀 수도 없이 많은 부상을 당했고, 그러면서 부상

없이 달리기 위해 어떻게 해야 하는지 배웠다. 그 수많은 시행착오와 실패의 경험이 나의 재산이었다. 따라서 효과적이고 안전한 운동 방법에 대해 나만큼 많이 알고 있는 사람은 아마 없을 것이었다.

나의 자신감은 괜한 것이 아니었다. 실제로 생방송이 시작되자, 나는 의사보다 훨씬 더 많은 이야기를 풀어냈다. 특히 시청자와의 전화 상담에서 큰 활약을 했다. 아무래도 원론적이고 이론적인 정보를 전달하기보다 구체적이고 실질적인 도움을 주는 게 나와 잘 맞았기 때문일 것이다.

"요즘 달리기를 꾸준히 하고 있는데요. 다리를 땅에 디딜 때마다 무릎이 너무 아파요. 그건 왜 그런 건가요?"

50대 아주머니가 전화로 이런 질문을 하자, 진행자는 의사에게 답변을 부탁했다. 그런데 의사가 답변을 하지 못하고 우물쭈물했다. 순간 내가 기회를 가로채 대답했다.

"착지할 때 무릎이 아픈 원인은 크게 세 가지입니다. 첫째, 착지하면서 무릎 관절이 오히려 더 퍼지기 때문일 수 있고요. 둘째, 내리막길인데도 속력을 너무 내셨기 때문일 수도 있습니다. 이런 경우에는 무릎이 체중의 5배가 넘는 하중을 견뎌야 하기 때문에 무릎에 무리가 갈 수밖에 없지요. 셋째는 운동화 선택의 문제입니다. 초급자이거나 몸무게가 많이 나갈수록 마라톤화 말고 쿠션이 두꺼운 조깅화를 착용하셔야 충격으로 인한 스트레스를 덜 받습니다."

이렇게 원인을 분석하고 그에 따른 구체적인 해결책까지 제시했더니, 그 아주머니는 "네, 제가 내리막길에서 속도 조절을 잘 못해요" 하고 인정하면서 몇 번이나 감사를 표했다.

그렇게 무사히 생방송을 마치고 마무리를 하고 있을 때, 담당PD가 나를 불렀다.

"이홍열 선생님, 지금 가수하신다면서요?"

"네, 근데 돈만 까먹고 잘 안 되네요."

내가 겸연쩍게 대답하자 PD가 말을 이었다.

"제가 오늘 보니까 선생님은 가수 하실 분이 아닙니다. 가수 때려치우시고, 운동 처방을 전문으로 하는 교수가 되어보세요. 지금 선생님께 필요한 건 교수나 박사 명함입니다. 선생님이 그런 명함을 갖고 계셔야 저희들도 선생님을 더 자주 모실 수 있고요."

처음에는 PD의 그런 말이 귀에 들어오지 않았다. 아버지가 교수나 박사가 되라는 말씀을 심심찮게 하시곤 했지만, 그건 그냥 아버지의 희망사항일 뿐 내가 바라는 건 아니었다. 그런데 〈무엇이든 물어보세요〉를 시작으로 많은 프로그램에서 내게 도움말을 요청하고, 이런저런 채널에 얼굴을 비추다 보니 점차 생각이 달라졌다. 내가 "내리막 길을 달릴 때 보폭을 넓게 하면 무릎 연골이 파열되기 쉽습니다." 등의 이야기를 하면 PD나 작가들이 "의사도 아니시면서 그런 용어를 쓰시면 오히려 신뢰성이 떨어져요." 하고 지적을 하곤 했다. 아니, 의사나 박사가 아니면 그런 용어도 쓰면 안 된단 말인가. 아니꼽고 불합리한 일이었지만 한편으로는 대부분의 평범한 사람들도 그렇게 여길 수 있다는 생각이 들었다. 아무래도 '전 국가대표 마라토너'가 하는 말보다는 '체육학 박사'가 하는 말이 더 신뢰가 가지 않겠는가. 좋은 일 하려고 해도 명패가 필요하다는 걸 그때 처음 깨달았다. 그리고 대학원에 진학해야겠다고 마음먹었다.

국내 최초 걷기·달리기 박사 1호가 되다

대학원은 두 번 생각할 것도 없이 경희대학원으로 가기로 했다. 내 모교이기도 했고, 또 84년 LA 올림픽이 끝난 후 여러 대회에서 우승을 휩쓸며 한창 학교 이름을 빛낼 당시 조영식 이사장님께서 "경희대에서 공부를 더 시켜 박사가 되면 그때 교수로 학교에 있게 하겠다."고 말씀하신 바도 있기 때문이다.

막상 공부를 하다 보니 '간판 따기'보다는 그간 몸으로 체득한 지식을 체계적으로 연구하고 정리한다는 데 큰 즐거움을 느낄 수 있었다. 그렇게 해서 경희대학원에서 2002년도에 스포츠외교 석사 학위를, 2007년도에는 체육학 박사 학위를 취득했다. 졸업 논문의 주제는 걷기와 달리기였다. 사실 스포츠센터에서 운동하는 사람들의 80% 이상은 러닝머신에서 달리거나 걷는다. 그런데 트레이너들은 고작 러닝머신 작동법이나 가르쳐주면서 기껏 "천천히 걷다가 달리세요."라고 할 뿐이다. 세상에 어떤 운동을 이렇게 성의 없이 가르칠까.

생각해보라. 골프도, 볼링도, 배드민턴도 처음 배울 때는 자세와 손목의 움직임 등에 대해 아주 세세한 강의를 받는다. 그런데 대다수의 사람들이 하는 걷기나 달리기 운동은 왜 가르치고 배우는 과정이 전무할까. 그건 러닝이나 걷기에 대한 전문적인 정보나 기술이 그만큼 부족하기 때문이다. 그런 기술과 라이선스를 가진 지도자가 없기 때문에 의외로 많은 사람들이 걷거나 달리다가 부상을 당한다. 실제로 내가 관찰한 바에 따르면 사람들의 70~80%는 잘못된 자세나 방법으로 걷거나 달린다. 이게 바로 내가 걷기와 달리기를 연구한 이유였다.

　내 박사 학위 졸업논문의 제목은 'RPE(Ratings of Perceived Exertion)13에 의한 12분간 보행테스트의 타당성'이다. 어렵게 들리지만 알고 보면 쉬운 이야기다. RPE란 주관적으로 느끼는 운동의 강도다. 사람마다 체력이나 신체 조건이 각기 다르기 때문에 같은 운동을 해도 누구는 전혀 힘이 들지 않고, 또 누구는 힘이 들어 헉헉댄다. 따라서 모든 사람에게 동일한 운동 강도나 운동 시간을 처방할 게 아니라, RPE에 따라 처방하는 것이 중요하다. 운동하는 사람이 힘들다고 느끼는 단계는 RPE 수치를 높게, 쉽다고 느끼는 단계는 수치를 낮게 표시하는데, 13은 '약간 힘들다' 정도에 해당한다. 내가 RPE13에 주목한 건 이 '약간 힘들다'가 가장 적절한 운동을 보장하기 때문이다. 운동 초보자가 RPE13에 도달하는 것은 대개 운동을 시작한 지 10~12분이 지나서다. 바로 이 수준을 넘지 말아야 적당한 운동이 된다는 것이다. 그렇지 않고 '너무 힘들다'까지 가면 근육과 인대를 다치는 등 큰 부상을 입을 가능성이 높다.

　대체로 운동처방은 병원이나 전문스포츠센터에서 받는 것이 일반적인데, 이 RPE 수치를 이용하면 병원에 갈 필요 없이 셀프로 진단이 가능하고 자신에게 맞는 적절한 운동 강도를 알아볼 수 있다. 병원이나 전문가의 도움 없이 스스로 자신의 몸이 어떤 컨디션인지, 자신에게 맞는 운동은 무엇인지 알게 하는 것, 그게 바로 내 논문의 목적이었다.

'이홍열 마라톤 무료교실'도 내 연구에 많은 도움을 주었다. 1999년에 방송 출연을 시작하면서 실생활에서도 일대일로 사람들에게 운동 처방을 하고, 올바른 운동 방법을 가르쳐주면 어떨까 해서 시작한 일이었다. 그런데 그것이 결과적으로 내 박사 학위 논문에도 결정적인 도움을 주었다. 무료 마라톤 교실 회원들이 어떻게 걷고 달리는지 가까이서 관찰할 수 있었으니, 어떻게 보면 그들이 내 연구 대상의 일부가 되어준 셈이다.

걷기와 달리기로 박사 논문을 받은 덕분에 나는 '국내 1호 걷기·달리기 박사'라는 별칭을 얻게 되었다. 사람들은 "아니, 세상에 '걷기·달리기 박사'라는 것도 있어요?" 하고 신기해한다. 그런 반응이 당연하다 여겨지면서도 한편으로는 씁쓸하다. 달리거나 걷는 데 전문적인 연구나 학습이 필요하다는 인식이 그만큼 많이 부족하다는 반증이기 때문이다. 그러니 국내 1호 걷기·달리기 박사로서 내가 할 일은 아주 많다. 걷기와 달리기에 관한 잘못된 정보를 수정하고, 보다 과학적이고 체계적인 연구를 해나가야 한다. 또한 걷기 및 달리기 라이선스를 가진 전문가를 양성해 누구라도 쉽게 도움을 받을 수 있도록 여건을 조성해야 한다.

 내가 새로 파기 시작한 이 우물에서 나는 과연 어떤 맛의 물을 길어 올릴 수 있을까.

이제는 재능을 나누는 시대

'이홍열 마라톤 무료교실'을 시작하다

2000년도 봄, 지금은 없어진 여의도 야외음악당에 〈이홍열 마라톤 무료교실〉이라는 현수막을 내걸었다. 오가는 사람들을 향해 "여러분, 저는 전 마라톤 국가대표 이홍열입니다. 제가 무료로 달리기를 가르쳐드립니다!" 하고 소리치면서 즉석에서 강연을 했다.

"저기 걸으시는 아주머니, 무릎을 그렇게 펴시면 안 됩니다. 보폭도 너무 넓어요."

"저기 계시는 아버님, 운동화 신고 달리셔야 합니다. 그런 거 신고 달리시면 부상당하세요."

삼삼오오 모여 운동하던 사람들이 조금씩 관심을 보이기 시작했다. 아주 가끔은 왕년의 이홍열을 기억하고 말을 걸어오는 분들도 있었다.

그즈음의 나는 각종 방송에 패널로 출연하면서 걷기와 달리기에 관한 정보를 전달하는 중이었다. 그러던 내가 여의도 야외음악당에 나와 무료로 달리기 수업을 하겠다고 나선 건 풀리지 않는 갈증이 있어서였다. 방송을 통해 달리기에 관한 잘못된 정보를 지적하고 올바른 방법을 소개하는 건 좋았지만, 운동이라는 게 전반적인 이론만 안다고 되는 게 아니잖은가. 사람마다 체격, 체력, 신체조건, 걷거나 달릴 때의 독특한 버릇이나 습관 등이 제각기 다르기 때문에 일반론만 알아서는 자신에게 맞는 운동 방법을 찾기 어렵다. 구체적인 운동 방법을 알고 실생활에 적용하려면 무엇보다도 맞춤형 일대일 실기강습이 필요했다. 생각이 여기에 미치자, 방송 프로그램 패널로 나가는 데만 만족할 수가 없었다. 운동을 하고자 하는 사람들을 실제로 만나서 더 구체적이고 정확한 정보를 전달하고 싶었다. 그래서 고심 끝에 사람들이 많이 모이는 여의도 야외음악당에 현수막을 내걸고 무료로 마라톤 교실을 운영한다고 광고하기에 이른 것이다.

그로부터 일주일 후, 전혀 생각지도 못한 일이 일어났다. 여의도 야외음악당에 내 수업을 듣기 위해 엄청난 인원이 몰려들기 시작한 것이다. 40대 전업주부부터 이제 막 머리가 벗겨지기 시작하는 직장인 가장들, 은퇴해 소일거리를 찾는 60~70대 노인들에 이르기까지 대략 200명 정도가 모였다. 어느 정도 관심은 보일 거라 예상은 했지만 이 정도일 줄은 몰랐다. 그만큼 우리나라에 달리기나 걷기에 대한 체계적 정보가 없고, 사람들이 거기에 목말라 있다고 생각하니 새삼 어깨가 무거워졌다. 달리기 전도사로서 최선을 다해야겠다고 다짐한 순간이었다.

그로부터 한 달 후에는 잠실운동장에 나갔다. 사람들이 가장 많이 모이는 시간대와 장소를 사전조사를 통해 철저하게 알아본 후, 거기에 맞춰 현수막을 내걸고 즉석에서 강연을 했다. 잠실운동장에 사람들이 어느 정도 모이기 시작하자, 세 번째로는 양재천에 나갔다. 나가는 곳마다 사람들이 최소한 100명, 많게는 200명 넘게까지 모여들었다.

네 번째 장소로는 보라매공원을 염두에 두고 있었다. 보라매공원 강연을 앞두고 마침 〈무엇이든 물어보세요〉에 출연하게 되었다. 그래서 별 생각 없이 "○월 ○일 ○시에 보라매공원에서 이홍열이 무료로 달리기 지도를 해드립니다. 많이 모여주세요."라고 했는데, 그 여파로 깜짝 놀랄 만한 일이 일어났다.

무료 강연을 하기로 약속한 날, 보라매공원에 나가보니 관광버스 열 몇 대가 주르르 줄을 맞춰 서 있는 것이 보였다. 번호판을 보니 다들 지방에서 올라온 차였다. 이상한 일이었다. 선거철도 아닌데, 마치 선거유세장 같은 풍경이 펼쳐져 있으니 말이다. 고개를 갸우뚱거리며 약속장소로 나간 나는 너무 놀라 꼼짝도 할 수 없었다. 1,000명이나 되는 사람들이 나를 기다리고 있었다. 나에게 달리기와 건강에 관한 정보를 얻으려고 그 어마어마한 숫자의 사람들이 인천, 오산, 천안 등지에서 관광버스까지 빌려 타고 여기 모인 것이다. 가슴이 벅차올랐다. 아, 내가 하는 일이 이런 거구나… 사람들에게 이토록 절실하게 필요한 일이었구나!

그날 보라매공원 강연을 마친 나는 집에 돌아오자마자 시체처럼 쓰러졌다. 그렇게 많은 사람들이 모일 줄 알았더라면 미리 마이크라도 준비했을 텐데, 기껏 200~300명 모이려니 생각하고 별 준비 없이 나갔다가 목이 쉬어 죽는 줄 알았다. 게다가 인원수가 워낙 많다 보니 일일이 자세 교정해주고 운동처방 내리고 운동복이나 운동화에 대한 조언을 해주는 데 시간이 너무 많이 소요되었다. 하지만 큰대자로 뻗은 내 입가에는 웃음이 걸렸다. 내가 가진 자그마한 재주 하나가 이렇게 많은 사람들을 만족시키고 세상에 보탬이 된다는 게 참 신기하고 신이 났다.

"아유, 그래서 그동안 무릎이 아팠던 거구나. 선생님 덕분에 이제 무릎 고치게 생겼네."

"아, 상체를 숙이고 달리면 안 되는 거예요? 다들 그렇게 하라고 해서 따라한 건데, 오늘 좋은 거 배우고 갑니다."

감사를 전하며 활짝 웃는 그 얼굴들이 좋아서 나는 자꾸만 '이홍열 마라톤 무료교실'을 확장해나갔다. 여의도, 잠실, 보라매공원에 이어 일산호수공원 등 사람들이 운동하러 많이 찾는 곳들을 돌아다니며 홍보하고 강연했다. 그렇게 했더니 서울은 물론이고 대전과 부여까지 전국적으로 모두 18개의 모임이 만들어졌고, 한 번 강연할 때마다 모이는 사람들도 300~400명에 이르게 되었다.

나도 예상치 못한 일이었다. '이홍열 마라톤 무료교실'에 이렇게 폭발적인 관심과 호응이 쏟아질 줄도 몰랐고, 내가 이 일을 이렇게 사랑하고 좋아하게 될 줄도 몰랐다. 나는 신바람이 나서 일했다. 새벽엔 여의도, 점심에는 보라매공원, 저녁에는 잠실 식으로 하루에 서너

군데씩 돌아다니며 강연을 했다. 쉬는 요일도 없이 거의 일주일 내내 사람들과 달렸다.

그래도 아쉬운 마음에 '런조이닷컴'이라는 인터넷 사이트도 만들었다. 보다 많은 사람들이 손쉽게 정확한 정보를 얻게 하기 위해서였다. 아마추어 마라토너를 초급자, 중급자, 고급자로 나누어 차별화된 운동 정보를 제공하는 것은 물론이고, 일대일 운동 상담을 하는 코너도 만들었다. 재활치료 동영상도 올렸다. 하루 서너 번 강연을 하고, 강연이 없을 때는 런조이닷컴을 통해 상담과 운동 처방을 했으니 그야말로 잠자는 시간 빼고는 하루 전부를 '이홍열 마라톤 무료교실'에 바친 셈이다.

봉사도 아무나 하는 게 아니더라

이런 식으로 생업도 팽개친 채 몇 년을 살다 보니 경제적으로 문제가 생겼다. 생계를 위해 하는 일이라고는 마라톤대회 해설과 TV 건강 프로그램 출연 등이 전부였는데, 이게 고정적인 수입이 아니다 보니 입에 풀칠하기도 빠듯했다. 학위를 따고부터는 대학 강의를 들어갈 수 있었지만, 방학 빼고 1년에 6개월 일하는데다 강의료란 게 워낙 짜서 생계에는 큰 보탬이 안 됐다.

게다가 런조이닷컴을 운영하는 데 돈이 꽤 들었다. 서버 관리비, 도메인 구입, 상표 등록에 목돈이 들어갔고, 사이트 리뉴얼을 한 번 할 때마다 많게는 1,000만 원씩 날아갔다. 지금까지 런조이닷컴 운영비로 들어간 돈만 해도 1억 5천만 원은 족히 되는 것 같다.

기본적인 생계도 해결이 안 되는 상태에서 일만 계속 벌이니 빚이 계속해서 늘어만 갔다. 시골에 갖고 있던 땅을 팔아 빚을 갚았지만, 빚은 금세 또 불어났다. 상황이 이러니 강남의 작은 아파트에서 전세로 살다가 서울에서 벗어나 방 한 칸짜리 월세를 전전하는 신세가 됐다. 관리비도 못 내 독촉전화를 받고, 주유비가 없어서 전철로 강연하러 다니는 생활이 몇 년째 계속되자 슬슬 지쳐가기 시작했다. 이래서 좋은 일도 아무나 하는 게 아니라고들 하는구나. 나 같은 평범한 사람은 몇 년만 해도 이렇게 뒤로 나자빠질 만큼 어려운 일이구나. 뼈저리게 통감했다.

동시에 내가 지금 잘 살고 있는지에 대해 회의가 들기 시작했다.

2001년도에 운동을 통한 자가치료에 관한 비디오를 자비를 들여 제작했었다. 올바른 방법으로 운동만 하면 병원에서의 약물 치료나 수술 없이 자가치료가 가능하다는 걸 설명하고, 그 구체적인 방법을 제시하는 비디오였다. 사람들에게 꼭 필요한 내용이라 생각해서 제작한 것이었지만, 아쉽게도 생각만큼 팔리질 않았다. 몇 년째 수천 개의 재고를 안고 있다가 이대로 쓰레기장으로 직행시키기엔 너무나 아까워 교육인적자원부에 전화를 걸었다. 요즘 입시 과열로 학생체육도 활성화되지 않고 있는 상황에서 성인병을 가진 학생은 점점 늘고 있으니 이 비디오테이프가 학생들에게 도움이 될 것이다, 학교에 기증하고 싶다…. 그러고는 몇 천만 원어치에 해당하는 2,300여 개의 테이프를 자비로 용달차까지 불러 교육인적자원부에 전달했다. 얼마 후에 장학사들이 전화를 걸어서 테이프 내용이 좋으니 몇 개 더 보내줄 수 있느냐고 물어왔다. 그런 걸 보면 그 테이프들이 창고에서 썩고 있진 않은 듯 했다. 하지만 그 누구도 내게 감사를 전하지는 않았다.

 그래, 솔직히 나도 인사치레를 받자고 한 일은 아니었다. 하지만 "당신 정말 훌륭한 일 한다, 뜻 깊은 일 하고 있다."는 격려 정도는 받고 싶었던 모양이다. 많은 돈과 시간과 정성을 투자한 비디오테이프가 감사인사 한 마디 듣지 못한 채 내 손을 떠나가자, 마치 딸을 여윈 아비 마냥 서운하고 우울해서 견딜 수가 없었다. 아무도 인정해주지 않는 보잘 것 없는 일에 지난 몇 년을 허비한 것 같다는 생각이 들면서, 나 자신이 한없이 초라하게 느껴졌다. 그렇게 슬럼프에 빠지게 된 때가 마라톤 교실을 운영한지 꼭 6년째 되는 해였다.

십기일전, 다시 일어서는 마라톤 교실

달리고자 하는 사람들, 의욕 넘치고 건강한 그 사람들을 매일 만나는 건 참 행복한 일이었다. 보람도 있었다. 하지만 그런 행복감이 내 배를 채워주진 못했다. 보람과 행복감만으로는 월세와 관리비, 주유비를 지불할 수 없었고, 사이트 운영비를 조달할 수 없었다. 생활고에 너무도 지쳐버린 나는 결국 '이홍열 마라톤 무료교실'에 더 이상 나가지 않기로 결심했다. 하루, 이틀, 사흘…. 시간은 아주 느리게 흘러갔다.

'지금쯤은 잠실 모임 사람들이 모여서 준비운동을 하고 있겠구나.'
'지금 시간이면 여의도 모임 사람들이 훈련 끝내고 근처 식당에서

아침을 먹고 있겠구나.'

 몸은 떨어져 있어도 마음은 함께 한다는 게 무슨 말인지 그때 처음 알았다. 마라톤 교실에 나가지 않아도 내 마음은 온통 거기에 가 있었다. 무릎 부상을 당했던 정 씨는 오늘 나왔을까 궁금하고, 한창 젊은 혈기에 속력을 내서 툭하면 내게 야단을 들었던 김 군이 부상이나 안 당할지 염려되고, 마라톤대회에 나간다던 팀들은 차질 없이 훈련을 잘하고 있나 걱정도 되었다. 전화기에도 불이 났다.

 "선생님, 아직도 집이십니까? 아니, 시간이 몇 신데 여태 집에 계시면 어떻게 합니까. 사람들 다 기다리고 있는데요."

 "오늘도 안 나오세요? 아유, 선생님 안 계시니까 부상당하는 회원들이 많아요. 내일은 꼭 나오실 거죠? 꼭 나오셔야 돼요."

 "어디 편찮으세요? 아니면 집에 안 좋은 일 있으세요?"

 전화기에 대고 이제 마라톤 교실에 안 나간단 말을 차마 할 수가 없어서 "죄송합니다. 일이 있어서 당분간 못 나갑니다." 하는 소리만 앵무새처럼 반복하다가 나중에는 아예 수화기조차 들지 않게 되었다. 그렇게 며칠이나 흘렀을까. 급기야 동호회 회장님이 집으로 찾아오셨다. 나보다 연세도 한참이나 많으신데, 나를 꼬박꼬박 '선생님'이라고 불러주시는 분이었다.

"선생님이 요즘 안 나오시니까 사람들 사이에서 말이 많아요. 이제 그만두실 거란 소문도 돌고요."

나는 아무 말 없이 방바닥만 바라보고 있었다. 그러자 회장님이 말씀하셨다.

"선생님이 그동안 밥벌이까지 팽개치고 마라톤 교실에만 매달려 있었다는 거, 다 압니다. 그동안 얼마나 힘드셨을지도 알고요. 우리가 너무 우리들 생각만 했네요."

그러면서 아주 조심스럽게 운을 떼셨다.

"이러면 어떨까 싶어요. 무료 마라톤 교실을 더 이상 무료로 운영하기 힘드니까, 회비를 좀 걷으면 어떨까요. 많이도 아니고 단돈 1천 원 씩만 모아도 원체 사람이 많으니까 운영비는 웬만큼 모일 거 같고요. 선생님도 좀 덜 힘드실 거 아닙니까."

순간 정신이 번쩍 들었다. 회원들에게 돈을 받는다니, 천 원이 아니라 단돈 백 원이라도 그건 안 될 말이었다. 달리고 걷는 운동의 최대 장점이 무언가. 돈 한 푼 안 들이고 누구나 어디서나 쉽게 할 수 있다는 점이다. 그런데 '이홍열 마라톤 무료교실'이라고 이름을 내걸어 사람들 모아놓고 이제와 회비랍시고 돈을 걷는다? 그건 있을 수 없는 일이었다. 내 자존심이 허락하지 않을뿐더러, 순수하게 운동하자고 모인 동호회에 돈 문제가 개입되는 것도 탐탁지 않았다.

동호회 회장님이 돌아가신 후, 나는 오랫동안 생각에 잠겼다. 내가 참으로 못나 보였다. 몇 년 못 가서 나가떨어질 거면서 일은 왜 벌였을까. 왜 끝까지 책임질 생각을 하지 못했을까. 은퇴한 지 오래인 마라토너 이홍열을 저 사람들 아니면 누가 또 이렇게 열렬하게 환영해줄까. 그래, 여기서 멈춰서는 안 된다고 생각했다. 그건 너무나 무책임한 일이었다. 아니, 무엇보다도 내가 못 견딜 것 같았다. 달리는 사람들이 보고 싶고, 자꾸만 참견하고 싶어서, 함께 달리고 싶어서 내가 못 참을 것 같았다.

'최소한 10년은 견뎌보자!'

나는 다짐했다. 내가 동아마라톤대회에서 '마의 15분' 벽을 깨기까지 자그마치 10년이란 세월이 필요하지 않았던가. 뭔가 결실을 맺으려면 그 정도의 시간은 필요한 것일 게다. 그러니 나도 10년만 버티자. 그러면 뭔가 길이 열릴 테지. 그걸 믿고 10년만, 딱 10년만 채워보자.

다시 심기일전한 나는 일단 여기저기 산발적으로 흩어진 모임을 정비하는 일부터 시작했다. 마라톤 동호회가 친목 모임으로 돌변해 대낮부터 술을 마시다가 정작 운동은 못하는, 주객전도 모임이 1차 척결 대상이었다. 자기들끼리 누가 회장을 하네, 총무를 하네, 세력 다툼을 벌이느라 운동은 등한시했던 모임도 깨끗하게 정리했다. 그랬더니 서울을 포함해서 전국적으로 7개 모임의 3천 명 정도만 남았다.

혼자서 그 많은 사람들을 지도해야한다는 부담감에서도 조금 자유로워지기로 했다. 전 마라톤 국가대표 후배들에게 SOS를 청했다. 처음에는 돈 한 푼 못 받는 자원봉사라는 말에 고개를 젓다가도 막상 현장에 나와 사람들이 뛰는 걸 보고 나면 다들 마음이 바뀌었다.

"60대도 활기차게 달리는 모습을 보니까 내 자신이 부끄러워지네요. 오랫동안 운동 생각은 안 하고 살았는데, 저 사람들한테 조금이나마 도움이 된다면 좋겠어요."

내가 그랬던 것처럼 후배들도 아마추어 마라토너들의 열기에서 신선한 자극을 받았으리라. 점심 한 끼 사주기는커녕 오가는 차비조차 쥐어주지 못하는 이 못난 선배는 후배들이 아마추어 마라토너들의 열정과 열기를 통해 일상을 재충전할 테니 큰 손해는 안 볼 거라 스스로를 위로하고 있다. 진수선, 한재호, 박종천을 비롯한 7명의 후배들, 선배 하나 잘못 만나 고생하는 그들에게 감사하고 또 감사하는 마음뿐이다.

   그렇게 순탄하게 마라톤 교실이 운영되나 했는데, 몇 년 전 또 한 번의 위기가 찾아왔다. 2002년도에 서울시에서 우리 마라톤 교실에 컨테이너 하나를 내준 적이 있다. 서울시 특화사업의 일환이라고 했다. 그런데 얼마 전에 그 컨테이너를 철거한다는 연락이 왔다. 한강 르네상스 사업 때문이라는데, 컨테이너가 보기 흉하니 철거한다는 것이다. 서울시민 특화사업 건강증진 프로그램이라며 컨테이너 하나 달랑 내줄 때는 언제고, 그걸 몇 년도 지나지 않아 흉물스럽다고 철거하라니 무슨 정책이 그 모양인가.

   속으로는 분통이 터졌지만 서울시에서 결정된 일이니 따르는 수밖에 없었다. 그런데 회원들은 그럴 수 없었나 보다. 나도 모르는 사이에 컨테이너를 원효대교 밑에 숨겨놓고는 컨테이너 철거 반대를 위한 탄원서를 받고 있다는 것이었다. 3천 명이 목표인데 거의 다 채운 상태라 한다. 나는 그들의 순수한 열정에 또 한 번 놀랐다. 그리고 내가 운영하는 마라톤 교실이 더 이상 나 개인의 것이 아니라는 걸, 3천 명 회원 모두가 함께 달리고 하나가 되어 이끌어가고 있다는 걸 새삼 느꼈다.

신이 우리에게 재능을 주신 이유

10년만 채우자고 다시 시작했던 이 일이 올해로 벌써 11년째 들어선다. 나 자신과 약속했던 10년을 이미 채웠지만 나는 내 이름을 건 마라톤 교실을 쉽사리 그만둘 수 없을 것 같다. 그렇다고 형편이 나아진 것도 아니다. 요즘은 공무원이나 대기업 임원들을 상대로 강연을 해달라는 섭외전화가 부쩍 늘었지만, 생활은 여전히 궁핍하기만 하다. 월세를 못 내 보증금을 까먹고 있다가, 그것도 여의치가 않아 월세가 더 싼 방을 알아보고 있다. 멀리 지방에서부터 자원봉사를 하러 올라오는 후배들에게 나는 여전히 주유비 한 번 쥐어주지 못하는 면목 없는 선배다. 고향에 계신 어머님께도 때 아닌 불효를 하고 있다. 아버지께선 7~8년 전에 돌아가시고, 고향집엔 어머니께서 혼자 살고 계신데, 나이 쉰을 바라보는 아들이 번듯한 집 한 칸 장만하기는커녕 변변한 일자리 하나 없이 돈 안 되는 일만 하고 있으니 걱정이 이만저만이 아니실 게다.

"니 좋다니게 혀야지. 근디 더 나이 들면 워쩔라 그랴."

어머니가 그러실 때마다 나는 웃으면서 대답한다.

"그러니까 더 나이 들기 전에 해야지요, 어머니."

돈 안 되는 일 때려치우고 이제라도 돈 열심히 벌어 호강시켜드리겠단 말씀을 못 드리는 아들이라 죄송하다. 하지만 어쩔 수 없다. 나도 내가 언제쯤 철이 들어 돈 버는 데 몰두할 수 있을지 잘 모르겠으니 말이다.

1년에 4만 명 가까이 되는 사람들이 '이홍열 마라톤 무료교실'을 거쳐 간다. 과체중이었던 사람이 달리기로 살을 빼고, 건강을 잃었던 사람이 건강해지고, 어지러이 방황하던 사람이 마음을 다잡는 걸 보면서 달린다는 행위가 몸뿐 아니라 마음, 더 나아가 삶 전체에까지 긍정적인 영향을 준다는 걸 새삼 확인한다. 내가 가진 작은 재능이 1년에 4만 명이나 되는 사람들에게 아주 작은 행복감과 만족감을 준다면 그걸로 나는 됐다. 더 이상 바랄 게 없다.

신이 주신 재능은 한 사람만의 것이 아니다. 모든 사람들의 것이다. 별이 빛나면서 밤하늘까지 비추는 것처럼 재능은 한 개인을 돋보이게 하는 데만 쓰이는 게 아니라 세상을 위해 쓰여야 한다. 내게 그럴 만한 작은 재능이 있다는 건 참으로 행복한 일이자, 감사해야 할 일이다.

함께 달려 행복한 세상

조직 폭력배 출신, 한 선생님 이야기

운동선수라는 게 그렇다. 가장 빛나는 순간은 너무 빨리 오고, 그래서 너무 빨리 진다. 나만 해도 겨우 스물두 살 때 해밀턴국제마라톤대회에 나가 세계를 재패했다. 스물세 살에는 동아마라톤대회에서 10년 만에 한국 신기록을 갱신하며 스타덤에 올랐고, LA 올림픽에 출전하는 영광도 얻었다. 그런데 뜻하지 않은 부상과 여러 사고로 인해 겨우 스물여섯, 운동선수만 아니었다면 이제 막 학교와 군대를 마치고 세상에 첫 발을 내딛을 그 나이에 은퇴라는 걸 해야 했다.

마라톤 트랙을 벗어나, 지금까지 수많은 길을 걸어보았다. 한때는 사업이 잘 돼서 탄탄대로를 걷기도 했고, 또 어떤 땐 진흙길을, 또 어떤 땐 자갈밭을 걷기도 했다. 사방 어디로도 발을 내딛을 수 없는 섬에 갇혀보기도 했다. 그러면서 인생의 여러 길을 돌고 돌아 다시 트랙 위로 돌아왔다. '이홍열 마라톤 무료교실'은 어쩌면 내가 닻을 내려야 할 마지막 길인지도 모르겠다.

내가 마라톤 교실을 포기하지 않고 붙들고 있는 건 그 안에서 희망을 보기 때문이다. 100kg에 육박하던 몸무게를 달리면서 30kg나 감량해 새 인생을 찾은 사람도 있고, 위암이 자꾸 재발해 몇 번이고 죽을 고비를 넘기다가 달리기를 시작하면서 기적처럼 건강을 회복한 사람도 있다. 함께 달리다 연인으로 발전하고 가족을 꾸리게 된 커플도 있고, 1km도 뛰지 못할 만한 약골이었다가 뉴욕마라톤 완주에 성공한 사람도 있다. 달리는 행위 그 자체에 어떤 힘이 있기에 이런 기적과 희망이 생겨날 수 있는 걸까. 우리 몸이 달리면 마음에도 천천히 시동이 걸리고 더운 피가 돌고 열정이 피어나고, 그 힘으로 희망이라는 결실도 맺어지는 건가 보다. 지금부터 내가 들려줄 이야기의 주인공 역시 달리기를 통해 열정과 희망을 되찾고 새로운 인생을 살게 된 사람이다.

올해로 58세인 한 선생님은 조직폭력배 출신이다. 고향인 속초에서 그는 꽤 유명한 깡패였다. 사실 나는 회원들과 사적인 대화는 안 하는 편이라, 한 선생님에게 어떤 사연이 있는지는 잘 알지 못했다. 회원들과의 식사자리에서 누군가로부터 한 선생님이 조직폭력배 출신이며 아들과 단둘이 살고 있다는 이야기는 들은 기억이 난다. 그러던 내가 한 선생님의 과거에 대해 자세히 알게 된 건 한 신문사와의 인터뷰 때문이었다. '이홍열 마라톤 무료교실'을 취재하던 한 신문기자가 회원들의 이런저런 사연을 함께 소개하는 와중에 그가 이제껏 살아온 이야기를 듣게 된 것이다.

한 선생님은 깡패 선후배들이 운영하는 술집의 뒤를 봐주면서 누군가를 패고 울리고 교도소를 들락거리며 젊은 시절 20년을 보냈다. 급기야 사채업과 도박 하우스 운영에까지 손을 댔다가 1995년에 징역 5년 6개월을 선고받고 감옥에 가게 됐다. 당시 외아들은 중학교 3학년이었고 호적상의 아내는 가출한 지 오래였다. 2001년 출소 직전에 아들이 면회를 왔다. 아들은 군복 차림이었다.

"아버지, 출소하시면 고향에 가지 마시고, 저한테 먼저 오셔야 돼요. 저는 광주에서 군생활을 하고 있으니 저한테 꼭 먼저 들르세요. 아셨죠?"

한 선생님은 아들이 시키는 대로 했다. 출소하자마자 광주로 가는 버스를 타고 아들을 면회 갔다. 외박증을 끊어 아들과 읍내로 나와 맥주 세 병을 사들고는 여관방에 들어갔다. 아들이 맥주를 따라주며 말했다.

"아버지, 저 소원이 있습니다. 들어주신다고 약속하시면 말씀드리겠습니다."

아들은 부쩍 어른 티가 났다. 그동안 에비 노릇 한 번 변변히 못했는데 저 아이는 어떻게 저리 훌쩍 자랐을까. 한 선생님은 부끄럽고 미안한 마음에 소원이라면 뭐든 들어주겠노라 약속했다. 그러자 아들은 말했다.

"다시는 고향에 가지 마십시오. 지금 고향 가시면 아버지 후배들이 다시 모일 거 아닙니까. 그럼 다시 예전이랑 똑같이 사시게 될 거고요. 게다가 아버지가 고향 가시면 아버지 피해 도망갈 사람 많을 겁니다."

아들이 그런 소릴 할 줄은 꿈에도 몰랐던 한 선생님은 당황했다.

"네 말이 무슨 말인지는 알겠는데, 아버지는 고향에 갔다 와야 된다. 돈 받을 게 있어. 네 말대로 고향에서 살진 않을 거야. 그냥 돈만 받고 오마. 뭘 하든 돈이 있어야 시작하지. 뗀 돈만 받으면 나도 고향에 미련 없어."

"안 됩니다. 그 돈 포기하세요. 그 돈 받으시려다 다시 옛날로 돌아가는 겁니다."

완강한 아들의 말에 한 선생님은 눈물이 핑 돌았다. 그리고 약속대로 아들의 말을 따르기로 했다.

이튿날 아침, 한 선생님은 주머니를 뒤져 아들에게 돈 5만 원을 쥐어주었다. 그러자 겨우 만 원짜리 두 장이 남았다. 이 돈으로 당장 오늘밤 몸 뉘일 방 하나 못 구할 텐데 어쩌나, 고민하며 밤새 돌아다니다 보니까 노숙자들이 꽤 많았다. 그들이 하는 대로 지하철역 화장실에서 씻고 신문지를 덮고 잤다. 밥은 근처 대학교 구내식당에서 먹었다. 그렇게 며칠을 했더니 돈이 똑 떨어졌다. 마침 용산역 역사를 새로 짓고 있던 때라 낮에는 공사판 막일을 하고 밤에는 지하철역에서 잠을 잤다. 그러다 운 좋게 경비 자리를 하나 얻게 되었다. 집도 하나 구했다. 사람이 죽어나가 거의 폐가가 된 집이 있다고 해서 그냥 거기 들어가 살기로 했다. 수저 한 벌, 라면 한 박스, 그릇 몇 개만 사들고 그 집에서 살림을 시작했다.

경비 월급이 모이니 그 집의 냄새가 싫어져서 보증금 100만 원에 월세 15만 원짜리 방을 얻어 들어갔다. 그럴 듯한 방 한 칸이 생기자

비로소 마음의 여유가 좀 생겼다. 그때부터 한강변을 따라 달리는 사람들이 자꾸만 눈에 들어오기 시작했다. 그래서 혼자 달리기를 시작했는데 요령이 없으니 자꾸 다치기만 했다. 알아보니 국가대표 마라토너 출신이 무료로 달리기 강습을 해주는 데가 있다고 했다. 그렇게 해서 한 선생님은 2002년 봄부터 '이홍열 마라톤 무료교실' 여의도 본부와 인연을 맺게 되었다.

마라톤으로 새 인생을 시작하는 사람들

처음 한 선생님을 뵈었을 때, 나이에 비해 꽤 강단 있고 다부진 사람이라는 생각을 했다. 많은 사람들을 상대하다 보니 얼굴이나 몸 움직임만 봐도 그 사람의 건강 상태나 끈기, 집중력 등을 얼추 맞히곤 하는데, 한 선생님은 상당히 승부욕이 있고 끈기가 있어 보이는 분이었다. 달릴 때도 젊은이들에게 밀리지 않으려는 듯 근성을 보이셨는데, 그래서 부상을 당하지나 않을까 염려가 되기도 했다.

마라톤을 시작하면서 한 선생님에게는 많은 변화가 생겼다. 자원봉사단체에 가입해서 주말마다 장애인시설을 찾아가 청소며 목욕이며 밥 짓기 등을 했다. 예전에는 한 푼 달라는 사람이 있으면 발로 뻥 걷어차던 인간이 지금은 장애인들에게 밥을 먹여주고 있으니 자신이 생각해도 그 변화가 신기하기만 했다.

한 선생님은 마라톤을 시작하면서 함께 달리는 세상이 얼마나 아름다운지 깨닫게 되었다고 했다. 한때 한 선생님은 치매에 걸리신 노모를 모시느라 운동을 아예 못했다. 노모의 증세가 심해 한시도 눈을 뗄 수가 없었던 것이다. 생계는 제대한 아들이 책임지고, 한 선생님은 하루 종일 노모만 모시고 있는데, 그때 동호회 회장 사모님이 일주일에 한 번 찾아오셔서 노모를 목욕시켜주고 밑반찬도 가져다주셨다. 원망과 미움만 받으며 살다가 누군가에게 따뜻한 도움을 받으니 그렇게 기분이 좋을 수 없었다. 나도 누군가에게 이렇게 따뜻한 손길을 내미는 사람이 되자는 생각에 한 선생님은 노모가 돌아가신 다음 자원봉사를 더욱 늘렸다. 고향인 속초의 불우이웃들을 돕는 데도 발 벗고 나섰다. 그러자 그 선행을 인정받아 속초시장상까지 받게 되었다. 고향에서 자기 이름을 대면 다들 몹쓸 놈이라며 고개를 저었는데, 이제는 사람들 시선이 달라졌다는 걸 피부로 느낄 수 있었다. 한 선생님의 꿈은 고향에서 마라톤대회를 여는 것이다. 그 수익금은 전

액 불우이웃을 돕는 데 쓰고 싶다고 했다.

한 선생님에게는 또 다른 소원이 있었다. 아들과 함께 마라톤을 하는 것이었다. 하루는 아들을 불러놓고 말했다.
"이 아버지한테 소원이 있다. 네가 들어준다고 약속하면 말하마."
아들은 그게 무엇이든 무조건 들어드리겠다고 했다. 그러나 정작 아버지가 함께 마라톤을 시작하자고 하자 아들은 당황했다. 아직 젊은 아들은 마라톤에 큰 매력을 느끼지 못했다. 그러나 아버지의 소원을 들어드리겠다고 이미 약속했으니 별 수 없었다. 그때부터 아버지와 아들은 함께 여의도 본부로 나와 운동을 시작했다. 아무래도 아들은 아버지 때문에 억지로 하는 티가 역력했다. 젊음 하나 믿고 건성건성 하다 부상을 당하기도 했다. 그러다 가랑비에 옷 젖는 것처럼 조금씩 마라톤의 매력에 빠지기 시작해서 그 좋아하던 담배도 끊고 아버지보다 더 열심히 달리기 시작했다. 그리고 이들 부자는 함께 운동을 한 지 1년 만에 서브쓰리(sub three)를 달성했다. 서브쓰리란 마라톤 풀코스를 3시간 안에 완주하는 것을 가리키는데, 그야말로 모든 아마추어 마라토너들의 로망이자 꿈이다. 대개 일주일에 3~4회, 주당 150~200km 정도 달리는 훈련을 2~3년 해야 겨우 달성할까 말까하는. 결코 쉽지 않은 목표다. 게다가 아버지와 아들이 함께 서브쓰리에 성공한다는 건 대단히 어려운 일이다. 부자의 서브쓰리 성공은 국내에서 처음 있는 일이라 한때 신문에까지 날 정도로 대단한 화제를 모았다.

한 선생님은 현재 공공기관의 주차요원으로 일하면서 '이홍열 마라톤 무료교실' 산하 에이스클럽의 코치를 맡고 있다. 한 선생님에게는 이제 소원 하나가 더 생겼다. 아들 며느리와 함께 마라톤을 하는 것이다. 그러려면 마라톤을 하는 여성 회원 가운데서 며느릿감을 찾든지, 며느리를 들이고 마라톤을 시키든지 해야 하는데, 어느 쪽이든 좋을 것 같다며 한 선생님은 웃는다.

한 선생님을 비롯해 '이홍열 마라톤 무료교실'의 수많은 회원들과 달리면서 인생을 다시 배운다. 처음에는 내가 가진 재능을 나누자는 마음으로 시작한 일이었다. 사실 마라토너로서 나는 늘 분에 넘치는 행운과 영광을 누리지 않았던가. 운동을 시작한 지 겨우 6개월 만에 한국조폐공사에서 주최하는 마라톤대회에서 우승을 하고, 그 이후부터 주니어 국가대표, 일반부 국가대표를 지내면서 각종 국제 경기와 국내 경기에서 우승을 거머쥐었으니 말이다. 수십 년 동안 마라톤을

하면서도 나와 같은 행운을 누리지 못한 선수들이 아주 많다는 걸 생각하면 나는 그야말로 행복한 마라토너였다. 그러니 그간 내가 누린 것들을 사회에 돌려주고 많은 사람들과 나눠 가져야 한다고 생각했다. 처음에는 그렇게 '자원봉사'를 한다고 생각하고 시작한 일이었다.

그러나 11년째 이 일을 계속해오면서 내가 주는 것보다 그들에게 얻고 배우는 것이 더 많다는 사실을 깨달았다. 회생이 불가능할 것 같은 인생의 막장에서도 반드시 돌아 나올 길은 있다는 걸, 깊은 절망에도 반드시 바닥은 있다는 걸, 희망은 생각보다 가까이 있다는 걸 그들을 통해 배웠다. 현실이 절망스러울수록 운동화 끈을 더욱 조여 매고 뛸 준비를 하는 그들이 있어 나는 행복하다. 그들과 달릴 수 있어서, 함께 달리는 세상이 있어서 행복하다.

새는 날고 물고기는 헤엄치고 사람은 달린다

교본도 정석도 없이 달린 인생,
아직 경주는 끝나지 않았다

에밀 자토페크(Emil Zétopek)는 체코슬로바키아의 전설적인 천재 육상선수다. '인간 기관차', '달리는 기계'와 같은 무시무시한 별명의 소유자인 그는 1948년부터 1956년까지 세 차례 올림픽에 출전해 각종 신기록을 세웠다. 특히 1952년 올림픽에서는 5,000m와 10,000m를 석권한 뒤 연습도 없이 난생 처음 풀코스마라톤에 도전해 우승을 거머쥐면서 육상 3관왕이라는 전무후무한 기록을 세웠다. 그것도 올림픽 신기록을 갈아치우면서 말이다.

그는 달리기 교본 어디에도 나오지 않는, 아주 독특한 자세로 달리는 걸로도 유명했다. 정석에 의하면 달릴 때는 머리는 최대한 고정시키고 팔을 적절하게 움직여야 하체의 부담을 줄이고 빠른 속도를 낼 수 있다. 그러나 그는 머리를 심하게 흔들고 어깨는 덜덜 떨었으며 팔은 마치 무거운 보따리라도 들고 있는 것처럼 위로 잔뜩 추켜올리고는 제멋대로 흔들어댔다. 얼굴은 흉하게 일그러뜨렸고 입으로는 크게 숨을 몰아쉬었다. 그가 달리는 모습은 비효율적으로 보였을 뿐 아니라 추하기까지 했다. 하지만 그는 정석대로 달리는 다른 선수들이 이루지 못한, 실로 괴물과 같은 기록을 세웠다. 그러니 그 누구도 자토페크가 달리는 자세를 교정해야 한다고는 생각하지 않았으리라.

  에밀 자토페크를 떠올릴 때마다 나는 조금 생뚱맞은 생각에 잠기곤 한다. 인생은 자고로 이렇게 살아야 한다고 말하는 그 수많은 가르침이 과연 모든 사람들에게 유효한 걸까. 자토페크가 교본에도 없는 자신만의 기묘한 방법으로 전설이 되었듯이 우리네 인생도 때로는 정석이나 교본을 무시하고 제멋대로 달릴 때 제대로 굴러가는 건 아닐까.

  돌아보면 나는 흔히 말하는 '인생 교본'대로 살진 않았던 것 같다.

일단 장애가 있는 몸으로 운동을 하겠다는 발상 자체가 어찌 보면 발칙한 것이었다. 내가 운동을 하겠다고 했을 때 아버지를 비롯한 많은 사람들이 "성치도 않은 몸으로 무슨 운동이냐."며 만류했다. 운동을 시작한 후에도 "팔 병신은 운동해서는 안 된다!"며 선배들로부터 괴롭힘을 당했다. 하지만 나는 운동을 포기하지 않았다. 미련하리만치 버티며 연습벌레로 살았다.

나는 사람들이 말하는 것처럼 열등감을 버리려고도 하지 않았다. 오히려 열등감으로 중무장했다. 사람들이 내 왼팔을 보는 게 싫어서 긴소매 옷만 입었고, 왼팔의 장애를 잘 알아채지 못하도록 무조건 달렸다.

또한 나는 착각 속에 빠져 살았다. 자신을 냉정하고 객관적으로 보는 게 두려웠다. 내 주제를 파악하는 대신 착각에 빠져 꿈을 꾸고 싶었다. 장애에도 불구하고 가장 월등하게 달리는 마라토너가 되는 꿈, 버스보다도 빨리 달리는 슈퍼맨이 되는 꿈을 말이다.

게다가 한 우물도 파지 않았다. 은퇴 후 나의 새로운 재능을 찾기 위해 메뚜기처럼 이리저리 뛰어다니며 기웃거렸다.

인생교본에서 말하는 반대로만 살아왔는데도 나는 인생에서 많은 것을 누리고 많은 것을 이루어냈다. 국가대표로서 8년 동안 전국대회 및 세계대회에서 100회 이상 우승을 하고 한국 최고기록을 수차례나 갱신하면서 다른 마라토너들은 꿈도 못 꿀, 어찌 보면 아주 행복한 마라토너로 살았다. 물론 현재의 나는 낼모레면 쉰이 되는 나이에 변변한 집 한 채 마련하기는커녕, 관리비나 공과금조차 제때 내지 못하는 처지에 있다. 인생교본의 기준에 따르면 아주 보잘것없는 인생인지도 모른다. 하지만 나는 재산을 불리느라 건강을 해치면서 일하지도 않고, 남을 짓밟아 더 높은 곳에 오르려 하지도 않는다. 내 재능을 이웃과 나누고, 그럼으로써 더 많은 걸 얻고 배우며 살고 있다. 그들과 함께 달리며 살고 있다. 그러니 내 기준에 따르면 내 인생은 그리 썩 나쁘지 않다. 아니, 꽤 만족스럽다.

나는 앞으로도 정석대로, 교본대로만 달리지는 못할 것 같다. 남들이 제시하는, 소위 인생교본이라는 걸 고스란히 답습한다면 평생 동안 남들 뒤꽁무니나 쫓을 거라는 걸 알기 때문이다. 하지만 에밀 자코페크가 그랬던 것처럼 교본에서 시키는 바를 과감히 거부하고 전혀 새로운 방법을 생각해낸다면 어떨까. 상식의 허를 찌르고 통념을 뒤엎고 편견을 뛰어넘고 발상을 전환한다면 아마도 아무도 걷지 않았던 길을 걸을 수 있지 않을까.

교본과 정서을 무시하고 제멋대로 달리던 내 인생의 경주는 아직 끝나지 않았다. 오늘도 나는 나의 왼팔을 앞뒤로 힘차게 흔들며 달릴 것이다.

"새는 날고 물고기는 헤엄치고 사람은 달린다."

에밀 자코페크의 말처럼 내 유전자에 각인된 달리라는 명령에 귀 기울이면서 앞으로도 한 발, 또 한 발 내딛을 것이다.